Rönicke | Sex. 100 Seiten

✳ Reclam 100 Seiten ✳

KATRIN RÖNICKE ist Journalistin und Bloggerin. Sie schreibt vor allem zu den Themen Bildung, Geschlechterdemokratie und Emanzipation, unter anderem für *Freitag*, FAZ und *Neon.de*.

Katrin Rönicke

Sex. 100 Seiten

Reclam

Alle Rechte vorbehalten
© 2017 Philipp Reclam jun. GmbH & Co. KG, Stuttgart
Umschlaggestaltung: ZERO MEDIA GmbH, München
Umschlagabbildung: FinePic®, München
Infografiken (S. 22, 70–72): Golden Section Graphics GmbH, Berlin
Bildnachweis: S. 33 © Wikimedia Commons / Patrick Hitte;
S. 46 f. © Wikimedia Commons
Gesamtherstellung: Reclam, Ditzingen. Printed in Germany 2017
RECLAM ist eine eingetragene Marke
der Philipp Reclam jun. GmbH & Co. KG, Stuttgart
ISBN 978-3-15-020442-9

Auch als E-Book erhältlich

www.reclam.de

Für mehr Informationen zur 100-Seiten-Reihe:
www.reclam.de/100Seiten

Inhalt

Sex neu erfinden

2013 schrieb Cindy Gallop im *Rookie Magazine* einen Text mit dem Titel »The Invention of Sex«, worin sie die These ausführte, Sex sei etwas, das man jedes Mal neu erfinden könne. Etwas, das man nie »richtig« machen würde, nur weil man bestimmten Ratschlägen folge, wie sie gerne und

»Die Wahrheit ist: Niemand versteht Sex.«

[William Masters in *Masters of Sex*]

oft in Frauen- und Männerzeitschriften dargeboten werden. Etwas, das man, so gesehen, auch erst einmal nicht falsch machen könne, denn man selbst sei stets und ständig und auch immer wieder aufs Neue die Erfinderin / der Erfinder des eigenen Sex, und dieser sei wandelbar und eben immer wieder neu zu entdecken.

Dieser Gedanke hat mir sehr gefallen. Deswegen möchte ich mit meinem Buch ein paar Werkzeuge an die Hand geben, die dabei helfen sollen, Sex neu zu erfinden. Das sind keine Werkzeuge im Sinne von »Sexspielzeug«, auch sind hier keine speziellen Tricks und Kniffe zu finden, wie Sie Ihrer Partnerin oder Ihrem Partner am besten den Kopf verdrehen. Es sind vielmehr Denkwerkzeuge. Hinter allem steht die Frage: »Was wäre, wenn ...?« Dabei spielt es, wie ich finde, eine ebenso wichtige Rolle zu fragen, »was bisher geschah«.

Wir waren alle einmal Kinder, wir sind Menschen und als solche mit einer Geschichte ausgestattet, und derzeit leben wir in einer Welt, in der die einen keusch unter Schleiern verborgen werden und die Steinigung droht, wenn sie fremdgehen, während die anderen 24 Stunden lang die härtesten und explizitesten Pornos schauen können, die sie sich ansehen wollen. Während manche ein Leben lang nur den einen oder die eine »untenrum« erforschen, geben sich bei anderen die Tinder-Dates die Klinke in die Hand. Und zwischen all diesen Geschichten und Menschen steht bis heute die eine Frage wie der sprichwörtliche Elefant im Raum: Ist das jetzt richtig oder falsch?

Weil diese Frage gemein und schwierig ist und die Antworten die Betroffenen verletzen können, geht dieses Buch die Sache anders an und legt weder vorgefertigte Regeln oder Lösungen vor, noch gibt es ein »richtig« oder »falsch«. Alles, was es für mich gibt, sind Liebe, Respekt und Bildsamkeit.

Unerotisch

»Mami, wie werden eigentlich die Kinder gemacht?« – Ich glaube, viele Eltern denken, dass der Moment, in dem die lieben Kleinen diese oder ähnliche Fragen stellen, das erste Mal ist, dass sie sich mit dem Thema Sexualität beschäftigen. Ich befürchte, dass die meisten Eltern, ob ihnen das bewusst ist oder nicht, glauben, dass enorm viel davon abhängt, dass sie, die Eltern – die lieben Großen – jetzt bloß nichts Falsches sagen. Ich sehe, wie aus diesem Grund ein enormer Druck auf vielen Eltern lastet, die jetzt ganz bedacht darauf sind, ihrem Kind zu einer wie auch immer gearteten »guten« Sexualität zu verhelfen. Aber wie kann das gelingen?

Was eine »gute Sexualität« eigentlich ausmacht, das kann individuell enorm verschieden aussehen: Die einen wollen lieber, dass Sexualität etwas Verborgenes bleibt, etwas, das man Kindern nur so weit als nötig erklärt und vor dem man sie ansonsten so weit es geht bewahrt – solange man kann. Je nach Kultur und Religion bedeutet diese Ansicht vielleicht, dass »Kein Sex bis zur Ehe« daraus resultiert. Eine weit verbreitete Regel.

Das krasse Gegenteil davon ist die Einstellung, wie man sie zum Beispiel in der Kinderladen-Szene im wilden Frankfurt der siebziger Jahre vorfand: Kinder wurden als offen und sexuell angesehen, man freute sich, wenn sie sich für Doktorspiele in ihre Zimmer einschlossen, man fragte nicht, was sie da taten, und man fand es nur natürlich, wenn sie einem an die eigenen Geschlechtsteile gingen, auch wenn es völlig fremde Kinder waren. Was die einen abartig fanden, war für die anderen ganz natürlich, und was die anderen verklemmt fanden, war für die Nächsten das höchste Glück.

Auch wenn diese Zeiten vorbei sind, die Frage bleibt zeitlos: Sollen wir unsere Kinder aufklären? Und wenn ja, in welchem Alter und mit welchen Worten? Wie auch immer sich Eltern entscheiden: die Möglichkeit besteht, dass ihre Kinder mit einem ziemlichen Knacks aus der Sache herauskommen (und damit meine ich nicht die tragischen Fälle von Missbrauchten! Hier nur von einem Knacks zu sprechen, wäre mehr als unangebracht). Oder anders ausgedrückt: Die Wahrscheinlichkeit, dass Sie und ich einen Knacks haben – irgendeinen, suchen Sie sich einen aus! –, ist nicht gerade gering. Diese Sache will ich gar nicht weiter dramatisieren – denn sie ist so normal in unserer Gesellschaft, dass sie kaum Anlass zur Beunruhigung bieten sollte. Wir haben alle einen kleinen Knacks, wenn es um Sex geht, ich glaube fest, dass es nur ein paar wenige Glückselige gibt, die mit einem blauen Auge davongekommen sind. Persönlich kenne ich aber keinen.

Deswegen würde ich gerne mit der Sexualität beginnen, die wir schon haben, bevor Erwachsene anfangen, uns alles erklären zu wollen. Da sind einerseits die vielen bunten und lustigen Fragen, die Kinder sich und uns stellen, etwa »Ist die Perle schon bei Mädchen da?« oder »Warum haben Jungs hinter dem Pimmel Säke?« oder »Warum krikt mann einen steifen Penis wen man über sex redet?«: Diese und andere echte Kinderfragen (und mit all diesen falschen Schreibungen) hat ein wunderschönes Kinderbuch gesammelt und ernsthaft beantwortet: *Klär mich auf. 101 echte Kinderfragen rund um ein aufregendes Thema* – Fragen, auf die man erst einmal ruhig und entspannt, aber respektvoll und umsichtig Antworten finden muss! Wir wissen heute, dass schon Föten im Mutterleib sexuelle Reflexe haben, genau genommen wissen wir das seit den Achtzigern. Schon Masters und Johnson haben damals beobachtet, dass bei vielen völlig unverfänglichen Zuneigungsbekundungen, die Eltern ihren Babys schenken – zum Beispiel dadurch, dass das Baby beim Stillen mit den Lippen die Brust der Mutter berührt –, Signale in das Hirn des Babys gelangen, die sich in sexuellen Reflexen äußern können. Natürlich hat das noch rein gar nichts mit der Sexualität und dem Begehren eines erwachsenen, geschlechtsreifen Menschen zu tun. Es sind angeborene Reaktionen, und sie sind, wenn man so will, »unschuldig«.

Ich spreche im Zusammenhang mit Kindern vorerst von »Unschuld«, auch wenn dieses Wort im Sprachgebrauch rund um Sexualität problematisch ist, denn es impliziert, dass es auch das Gegenstück dazu, nämlich »schuldig«, gibt. Ich benutze es hier nur, weil ich glaube, dass viele Menschen exakt diese Assoziation haben, wenn sie an einem Baby oder einem Kleinkind eine Erektion sehen oder bemerken, dass es sich im Genitalbereich reibt.

Kinder sind sexuelle Wesen, aber ...

Viele Kinder unterschiedlicher Altersstufen spielen schon mehr oder weniger oft an sich herum: Sie streicheln oder reiben ihre Klitoris und ihre Vulva, sie massieren ihre Penisse, manche finden es schön, sich einen Finger in den Po zu stecken, und all das sind Ausdrucksformen ihrer Sexualität. Kinder sind sexuelle Wesen! An dieser Stelle muss betont werden: Aber natürlich *ganz anders* als Erwachsene! Es ist ein Irrtum, dass Kinder eine natürliche Sexualität wie Erwachsene hätten und deswegen eine sexuelle Beziehung mit ihnen genauso legitim sei wie die zwischen zwei Erwachsenen – und dieser Irrtum hatte in den 70er Jahren viele Anhänger. Die Bewegung der Pädophilen, also jener Menschen, die sich von Kindern sexuell angezogen fühlen, hatte damals zum Ziel, analog zur Lesben- und Schwulen-Bewegung das Stigma von solchen »Beziehungen« abzuschütteln. Bis heute werden manche rastlosen Geister nicht müde, diesen Vergleich zu bemühen und die Gesellschaft zu beschuldigen, mit der Unterdrückung pädophiler Neigungen genauso ein Verbrechen zu begehen wie lange Zeit mit der Stigmatisierung, Verfolgung und letztlich auch Bestrafung homosexueller Neigungen und Taten. Aber sie irren heute genauso wie damals.

Eine Frage von Macht und Verantwortung

Kinder sind kleine Menschen, aber keine kleinen Erwachsenen! Die Kindheit ist eine ganz eigene Lebensphase. Diese Erkenntnis wird auch »Entdeckung der Kindheit« genannt und fällt grob ins 18. Jahrhundert, in die Zeit, als Jean-Jacques Rousseau seinen *Emile* schrieb und Wilhelm von Humboldt begann, sich als »Bildungsreformer« anzudienen, der sehr gründlich über Fragen der Erziehung und Bildung nachdachte. Das ist noch nicht lange her, davor liefen Kinder als kleine, etwas dumme, aber sonst nicht weiter zu dramatisierende Halberwachsene nebenher, mussten arbeiten und möglichst früh zu dem befähigt werden, was auch die Eltern taten. Kindheit als eigenständige und von allen anderen Lebensphasen völlig verschiedene – das ist ein junger Gedanke. Aber so wichtig, um zu verstehen, warum Kinder und Erwachsene in Sachen Sex miteinander keine ebenbürtige Beziehung eingehen können, wie zwei Erwachsene es miteinander im besten Fall tun. Es ist eine Frage von Macht und Manipulation. Und ebendieser mysteriösen »Unschuld«, für die wir schleunigst ein anderes Wort brauchen.

> Ein Wort zu Missbrauch: Sexuelle Gewalt und Missbrauch finden häufig in den Familien oder im nahen Umfeld der Kinder statt. Betroffen sind Kinder aller sozialer Schichten! Geben Sie auf Notsignale acht und schauen Sie nicht weg! Zusammen mit der Opferschutzorganisation informiert die Polizei über sexuelle Gewalt an Minderjährigen und vermittelt wichtige Informationen über Täterstrategien oder Anzeichen für Missbrauch. Ein erster, aber ungemein wichtiger Schritt: Missbrauch bei der Polizei anzeigen.
> ▸ www.missbrauch-verhindern.de

Vorschlagen möchte ich »unerotisch«. Denn die Sexualität der Kinder hat in den ersten Jahren mit erotischer Erregung rein gar nichts zu tun. Sie sind sexuell, sie sind aber keine ›erotisch denkenden‹ Wesen. Sie nutzen die Reize, die unsere Nervenzellen in unseren Genitalien senden und verarbeiten, um sich schöne Gefühle zu machen, und auch andere Reize, wie Schmusen und Küssen und allgemeine Geborgenheit können in sexuelle Gefühle münden, aber diese sind völlig unerotisch.

Sexualität, nicht Erotik

Sexualität und Erotik zu trennen macht uns bereit, zu den frühen Anfängen unserer eigenen Sexualität zurückzureisen, an Erinnerungen heranzukommen und entspannter mit ihnen umzugehen: Sich an die eigene Mutter kuscheln und dabei bestimmte, sensible Körperregionen reiben, Wohlgefühle erzeugen und darauf entweder mit einem Anschwellen des Penis oder der Klitoris reagieren – all das ist unerotisch gewesen, aber zugleich sexuell. Wenn Eltern sich diesen Unterschied bewusst machen, können sie vielleicht entspannter damit umgehen, wenn Kinder ihre eigene Sexualität haben und nicht verstecken, und: die Grenze zwischen Erwachsenem und Kind wird sichtbar, wenn man diesen Unterschied begreift. Bis hinein in die Phase, in der die Erotik sich zu entwickeln beginnt, funktionieren Kinderkörper und Erwachsenenkörper anders.

Je früher Eltern, weil sie unbewusst von sich und ihrer eigenen Erotik auf andere schließen, in diesem Fall auf ihr Kind, anfangen sich einzumischen und zu steuern, je weniger sie dabei von der unerotischen Sexualität ihres Kindes verstehen, desto schwieriger kann es werden. Ein Junge, der an sich herumspielt und von der Kindergärtnerin deswegen gescholten wird, ein Mädchen, das seine Klitoris reibt und dessen Hand

Erotik (von griechisch *eros*: Liebe, Lust, Verlangen) ist eine Bezeichnung für alle mit der Geschlechtsliebe zusammenhängenden Vorstellungen und Handlungen. Laut dem Sexualforscher Ernest Bornemann ist Erotik eine kultivierte Form der Sexualität, die ein biologisches, vorwiegend triebhaft gesteuertes Verhalten repräsentiert.

man davon wegnimmt, weil man Angst vor »sexueller Früh-
reife« hat – beide werden sich an diese Ereignisse als etwas
erinnern, *das man nicht macht*, das schmutzig ist, nicht »unschuldig«.

Manchmal ist Kindern so etwas ›wurschtegal‹. Manchmal
aber tragen sie das in Zukunft mit sich herum, und es ist der
Anfang eines Unbehagens, das sie mit Sexualität verbinden
und das aufgrund verschiedener weiterer Erfahrungen wachsen kann. Kindern ihre Sexualität zu lassen, diese nicht mit der
eigenen erotisierten Sexualität zu verwechseln und sie ihnen
nicht austreiben zu wollen – das wäre der erste Schritt, den
jeder Mensch, der Kinder hat oder mit Kindern arbeitet, tun
kann und sollte.

Im zweiten Schritt erst zählt die Antwort auf die Frage:
»Wo kommen eigentlich die Kinder her.« Auch hier muss man
aufpassen, dass man nicht zu »erwachsen« antwortet, sondern
Stück für Stück erklärt – und zwar darauf achtend, was beim
Kind ankommt und was es wirklich wissen will. Manchmal
wollen sie nur kleine Stücke und basteln sich den Rest erst einmal selbst zurecht. Das ist völlig normal, denn so entdecken
Kinder ihre Welt immer, und wenn es nicht gerade um Sex
geht, bewundern wir sie gerne dafür und erfreuen uns an ihrer
lebhaften Fantasie.

Jan-Uwe Rogge erzählt in seinem Büchlein *Von wegen aufgeklärt!* von vielen Situationen, in denen Kinderwelt und Er-
wachsenenwelt zusammenprallen: Wenn Kinder ihre ersten
Worte aufschnappen und die Erzieherin fragen, ob sie »ficken«
will. Wenn Kinder in das Elternschlafzimmer kommen und
die dortigen Handlungen interpretieren als »Papa will Mama
umbringen«, wenn Kinder mit anderen Kindern Doktorspiele
spielen und die Erwachsenen sich fragen, ob das verantwort-

bar sein kann (SPOILER: ja, kann es! Das Wichtige ist, dass Kinder von uns Großen beigebracht bekommen, immer die Grenzen der anderen zu respektieren und nichts zu tun, was andere eigentlich nicht wollen).

Viele Eltern sind verunsichert, und wenn Kinder fragen oder etwas aufschnappen, dann schieben manche lieber einen Riegel vor, als sich zu öffnen und auf die durcheinandergeratenen Fetzen von Wissen über Sexualität und das Kinderkriegen Antworten zu geben. Zumal die Konfrontation fast immer überraschend kommt und auf eine Art und Weise, wie sie nun einmal nicht »ideal« ist. Etwa, wenn ein Mädchen seinen Vater bittet, mit ihr genauso »mit den Händen zu zaubern«, wie eines Nachts mit Mutti auf dem Sofa … Cool bleiben, gelassen bleiben – das ist das Wichtigste. Kinder sind keine sexsüchtigen, brutalen Monster! Sie sind Kinder, sie reimen sich in ihrem magischen Denken Dinge zusammen, sie fragen – und wer nicht fragt, bleibt dumm. Sexuell dumm. Ihre Neugier ist etwas Gutes – genau so müssen wir auch mit ihrer Neugier umgehen, wenn die Sexualität ihr Gegenstand ist: Sie ist wertvoll, sie ist gut, und wenn wir nicht ausrasten, haben wir eine Chance, dass vielleicht wenigstens aus unseren Kindern einmal Menschen werden, die ein entspanntes Verhältnis zu ihrer Sexualität haben. Kinder sind nämlich ziemlich cool und entspannt von sich heraus – zumindest die kleineren unter ihnen. Das mit dem Gekicher und der Scham kommt früh genug, und so manchen Knacks haben wir – seien wir ehrlich – auch nicht von unseren Eltern, sondern von gemeinen, übergriffigen und sexuell tollpatschigen Gleichaltrigen mitbekommen.

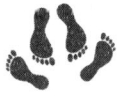

Hormonlotto

Was ist es, das stimuliert? – Eine Frage, die oft eher oberfläch-
lich behandelt wird. Gefühlt kommen in 90 Prozent aller In-
ternetpornos sehr einfache Schemata vor: Knutschen, Reiben,
Rubbeln, Lecken, Saugen. Schmutzige Wörter. Und natürlich
zurechtgestylte Körper. Auch in Sexratgebern ist die Frage oft
schnell beantwortet; manche finden, man könnte vorher noch
ein schönes Essen auftischen, vielleicht mit Aphrodisiaka arbeiten, also Substanzen, die sexuell anregend wirken sollen,
konsumieren – und dann natürlich der Kerzenschein. Bei vielen beginnt die Stimulation aber ganz anders, und das wird
nicht so oft thematisiert. Weil es eigentlich auch ein bisschen
unangenehm ist.

Es geht los ...

Wann beginnt die Stimulation? Es kann ein Gedanke sein.
Oder eine Entdeckung am eigenen Körper. Irgendwie geht es
jedenfalls irgendwann los: Aus Kindern, die lieb, klein und
unerotisch sind, werden plötzlich ganz andere Wesen. Gerade
noch sagt man der Tante lieb »Danke schön« für das neue

Computerspiel, das man beim gemeinsam verbrachten Weihnachtsfest überreicht bekommen hat, neben Nadelbaum, Kerzen und besinnlicher Musik, da geht man im nächsten Moment verstohlenen Blickes aufs Zimmer – endlich allein! – und gibt sich völlig »schmutzigen« Dingen hin, die einen bisweilen selbst erschrecken.

Als ich angefangen habe, zu masturbieren, dachte ich vermutlich an meinen damaligen Schwarm, einen Jungen aus einer viel höheren Klasse. Als ich abends nach den Gutenachtküssen meiner Eltern noch wach im Dunkeln lag und Hand anlegte, fand ich im zarten Alter von vielleicht elf Jahren etwas, das ich zuvor nicht gekannt hatte: meine Vagina und meinen Kitzler.

Wie im vorangegangenen Kapitel schon erwähnt, finden Kinder ihre Geschlechtsteile sehr oft schon wesentlich früher, und sie stimulieren diese auch. Zum Beispiel habe ich schon als Kindergartenkind gerne »untenrum« gerieben, wenn ich krank war, Bauchschmerzen oder Kummer hatte. Aber das war etwas anderes. Irgendwann kann es geradezu obsessive Züge annehmen, sich zu stimulieren, und nun kommen auch entsprechende neue Gedanken dazu: an den großen Bruder eines Klassenkameraden, an den Cousin einer Freundin aus dem Sommerurlaub, an die Deutschlehrerin, an eine Sängerin aus der BRAVO, eine Youtuberin, die Mädels aus dem Volleyball-Team oder einen Charakter aus einem Internetporno, den man in der WhatsApp-Gruppe teilt. Irgendeine Projektionsfläche gibt es immer für das neue, gierige Lechzen, dieses starke und unnachgiebige Verlangen, das uns ereilt, wenn die Karten im Hormonlotto neu gemischt werden, wenn die Pubertät losgeht.

Dann verliebt man sich. Das ist auch eher wie so eine Frontalwatsche mit der Abrissbirne. Da sehnt man sich plötzlich nach Mündern, nach Händen und Worten, während man sich rubbelt und reibt. Während man überlegt, wie man noch tiefer kommen könnte als mit den eigenen Fingern, und darin dann auch einige Kreativität entwickelt. Weil man sich nach Tiefe auch plötzlich sehnt. Kleidungsstücke, Bettdecken, Kuscheltiere und Handtücher weisen auf einmal Flecken auf, und man versucht dann nachts heimlich, diese Stellen wieder mit Shampoo auszuwaschen. Damit keiner etwas davon mitbekommt, dass aus dem niedlichen kleinen Kinder-Jekyll ein furchtbarer Trieb-Hyde geworden ist, fast so wie in der gruseligen Geschichte Robert Louis Stevensons vom Ende des 19. Jahrhunderts, nur dass man plötzlich gierig über sich selbst herfällt.

Vielleicht ist meine Schilderung ein wenig überzeichnet – sicherlich läuft es bei manchen Jugendlichen entspannter ab. Sauberer. Weniger verschämt. In dem Buch *Sex: So machen's Frauen* ist von einer Frau zu lesen, deren Mutter ihr zu ihrem 14. Geburtstag einen Vibrator schenkte. Denn diese aufmerksame Mutter hatte mitbekommen, dass da etwas passiert, und hatte sich nicht lumpen lassen, dem Töchterchen gleich mal auf eine unzweideutige Art mitzuteilen, dass sie das nicht nur mitbekommen hat, sondern dass sie das durchaus auch unterstützt. Hab Spaß, mein Kind – jetzt beginnt eine neue Zeit!

Masturbation gehört dazu, Punkt. Zumindest bei den meisten Jugendlichen. Laut einer Studie der Jugendzeitschrift BRAVO aus dem Jahr 2008 masturbieren über 90 Prozent der befragten 14 000 Jungen und über 80 Prozent der befragten 16 000 Mädchen. Das ist nicht gleich viel, aber schon viel mehr als zum Beispiel noch 1990: Der Anteil der 16-jährigen masturbierenden Mädchen betrug damals nur 37 Prozent! Und das hat man gemerkt! Meine eigene Pubertät lag in den 90ern, und ich habe mich nicht nur fürchterlich geschämt, dass ich es mir selbst gemacht habe – und in meiner Erinnerung habe ich das sehr, sehr oft und sehr, sehr intensiv gemacht –, es war sogar so dramatisch zu dieser Zeit, dass in meiner Klasse ein Mädchen mit dem »Argument« gemobbt wurde, sie habe auf der Klassenfahrt im Bett masturbiert. Es wurde nie hinterfragt, warum es eigentlich ein Problem sein sollte. Auch nicht von mir. Leider.

Diese Zeiten sind weitestgehend vorbei. Deswegen kann man sich heute entspannter der Frage widmen, was es ist, das uns stimuliert und berauscht. Stimulation passiert im Kopf, und dieser steht in einer speziellen Verbindung mit verschiedensten Körperregionen – wo sie anfängt, kann variieren. Jedenfalls werden nun Boten durch den ganzen Körper geschickt, und die sagen überall Bescheid, dass jetzt die Sexmaschine angeworfen werden *könnte*.

Gaspedal und Bremse

In den Jugendjahren geht vieles noch von allein: Wir sind wild, wir sind verwirrt, manche von uns sind sehr oft *geil*, andere können mit dem ganzen Sexding lange nichts anfangen oder wollen nicht, weil sie lieber warten, bis sie der Sache auf den Grund gehen und in der Praxis mit anderen Menschen anwenden, was sie nun als neue Superkraft haben. Das ist alles völlig normal und sehr verschieden ausgeprägt. Es gibt in Sachen Sex unterschiedliche Empfindsamkeiten. Erregbar mögen wir fast alle sein, aber viele Faktoren in unserer Sozialisation, Erziehung, Kultur und in unserem Wesen können sich auf unser sexuelles Verlangen auswirken – ein Leben lang.

Emily Nagoski hat vielleicht am besten ausgedrückt, was uns zu dem Erotikwesen macht, das wir sind: Dazu gehören sehr unterschiedliche Ausstattungen im Genitalbereich und körperliche Verschiedenheiten genauso wie unterschiedliche Persönlichkeitsausprägungen. Da sind auf der einen Seite Penisse, Labien, Vulven, Hoden, Brüste, Kitzler und vieles mehr, das irre unterschiedlich und sehr speziell ausgeprägt sein kann. Nagoskis einfacher Satz zu diesen Teilen unserer körperlichen Ausstattung lautet: Es ist alles normal! Wir sind alle normal – auch wenn wir aufgrund verschiedener »Analysen«, wie Vergleichen mit Porno-Darstellern oder Freunden oder Geschwistern, Darstellungen in Büchern oder auf Fotos im Internet, sehr oft zu dem Schluss kommen mögen, dass etwas an uns zu groß, zu klein, zu dunkel, zu prominent oder schlicht an der »falschen« Stelle sei. Nein, es gibt kein »richtig« oder »falsch« – wir sind grundsätzlich alle sehr ähnlich angelegt, aber die individuelle Ausprägung ist so verschieden, wie es auch Körpergröße, Lippenformen, Augenfarbe, Schulterbreite oder Hautfarbe sind. Wir sind wir, und auch wenn es durch die Medien und sehr konkrete Schönheitsideale sowie -moden so aussehen mag, als gebe es ein »richtig« oder »falsch«, und wir mit unseren Körpern deswegen hadern – es ist unnötig und es führt zu nichts, außer zu Frust, Scham und am Ende einem sexuell unglücklichen Leben. Das wäre doch zu schade!

Genauso ist das mit unserem Kopf: Wir sind verschieden impulsiv und unterschiedlich empfindlich. Nagoski schlägt ein duales Modell der sexuellen Erregbarkeit vor. Man muss sich das so vorstellen, dass in unserem Kopf einerseits ein »sexuelles Gaspedal« sitzt und andererseits eine »Bremse«. Beide reagieren – genau wie Gaspedal und Bremse im Auto benutzt werden – je nach Situation und Kontext. Der Kontext, also was gerade in unserem Leben passiert, wie wir uns mit uns selbst und den anderen Menschen fühlen, ist entscheidend für alles. Aber auch, wie schnell unser Gaspedal reagiert: Ein alter VW-Bus braucht etwas, um zu beschleunigen, wohingegen der schicke neue BMW zum Rasen nur so verführt. So manches Auto hat Bremsen, die nicht gerade empfindlich reagieren – da muss man schon ordentlich mit dem Fuß draufstampfen! Andere Autos reagieren schon bei kleinstem Tapsen hochempfindlich, und man steht fast, während man doch eigentlich nur ein wenig langsamer fahren wollte.

Was Nagoski beobachtet hat, erklärt auch, warum 90 Prozent aller Sexratgeber zum Scheitern verurteilt sind: Ratgeber für Frauen mit »schwacher Libido«, Ratgeber, die ihm erklären, wie er »sie wahnsinnig machen kann im Bett«, sogar tantrische Ratgeber – ich habe wirklich vieles ausprobiert, aber nie habe ich mich in den beschriebenen Tipps und Techniken wirklich wiedergefunden. Sie gingen oft seltsam an mir, meiner Realität und meinen Problemen vorbei.

Bei mir persönlich ist es so, dass sowohl meine »Bremsen« als auch mein »Gaspedal« sehr empfindlich reagieren. Vermutlich hängt es damit zusammen, dass ich auch sonst als »hochsensibel« durchgehe, eine Persönlichkeitsausprägung, die wirklich anstrengend sein kann. So war ich zwar einerseits immer gut erregbar, und ich hatte auch eine Menge Spaß an Sex, aber kleinste Unstimmigkeiten konnten alles sofort im Keim ersticken. Ein falsches Wort, zu viel Stress auf der Arbeit, Druck, Enttäuschungen in der Partnerschaft oder ein Geruch, den ich nicht mag. Ich bin sexuell hochselektiv – wenn ich Sex haben will, muss zunächst einmal eine Menge stimmen, sonst geht es auf die Bremse. Meine Anforderungen sind dergestalt groß, dass Abweichungen von meiner Präferenz ein Stoppsignal bedeuten. Und sei es nur, dass ich einmal beim Sex nicht zu 100 Prozent das Gefühl habe, auch wirklich *gemeint* zu sein. Wir merken schon, es ist kompliziert.

Aus vielen solchen Erfahrungen und Situationen schloss ich, dass ich vielleicht asexuell sein könnte. Oder frigide. Aber so war es nicht. Das jugendliche Ich, das sehr viel Lust auf Sex hatte und sehr viel Spaß daran, und das jetzige erwachsene Ich, das waren ja nicht zwei verschiedene Wesen. Ich war ich. Aber etwas anderes stimmte nicht. Nur begann ich mir einzubilden, dass *ich* nicht stimmen würde.

Erst durch Nagoskis Test fand ich heraus, dass *auch* mein Gaspedal total empfindlich eingestellt ist! Von wegen frigide! Wenn der Geruch passt, wenn ich das Gesicht sehe, das ich liebe, wenn ich merke, begehrt zu werden und richtig angefasst – all diese Dinge bringen mich extrem schnell zur Lust. Aber ein falscher Kuss: Zack, vorbei.

Sein sexuelles Wesen zu kennen ist unfassbar wichtig, um Probleme sexueller Art lösen zu können. Wer sich nicht kennt, lässt sich leichter Dinge über sich einreden, die nicht zwangsläufig stimmen. In zwischenmenschlichen Beziehungen kann das überaus brenzlig enden: In Konflikten haben wir alle die Tendenz, Schuld und Verantwortung erst einmal von uns zu weisen, machen wir uns nichts vor. Das ist menschlich und dient dem Schutz unserer Seelen. Wir suchen besonders gerne beim anderen nach Fehlern – bei uns finden wir das meistens nicht so gut. Und schnell sind vermeintliche Fehler gefunden und ausgesprochen. Tatsächlich sind viele solcher Diagnosen eher geraten oder vermutet, und oft hat man dabei auch ein Eigeninteresse: Man will es sich leichtmachen. Dem anderen zum Beispiel zu sagen: »Dass du so wenig mit mir schläfst, sagt mir, dass du mich ablehnst, und das ist verletzend. Wenn du mich nicht verletzen willst, dann schlaf mit mir!« – das kann beim anderen enorme Schuldgefühle auslösen. Andere Faktoren, die dazu führen können, auf die Bremse zu treten, können sein: ein schlechtes Selbstbild (zu dick, zu dünn, zu faltig – was auch immer), ein unausgesprochener oder ungelöster Konflikt, bei Frauen: die Angst, schwanger zu werden, wenn er sich weigert, ein Kondom zu nehmen, das blöde Telefonat mit der Familie gestern Abend, eine ungerechte Aufteilung von gemeinsamen Aufgaben im Haushalt und in der Kindererziehung – es gibt unendlich viele Gründe.

Jetzt könnte man meinen, ein empfindliches Gaspedal sei vielleicht viel besser als eine empfindliche Bremse – weit gefehlt! Gerade Frauen mit starker sexueller Appetenz bekommen schnell den Stempel »Schlampe« aufgedrückt. Das verbreitete Modell der monogamen Zweierbeziehung kann sich als schwierig erweisen. Wer schneller Gas gibt, tut dies eventuell nicht nur bei seinem Partner. Und das kann empfindliche Konflikte nach sich ziehen, weswegen manche Menschen mit starkem sexuellen »Gaspedal« sich lieber nicht in feste Zweierbeziehungen begeben, da sie andere nicht verletzen wollen. Das kann eine auf den ersten Blick weise und rücksichtsvolle Entscheidung sein – es bedeutet aber auch, dass Menschen alleine durchs Leben gehen, die vielleicht lieber jemanden an ihrer Seite hätten, dem sie vertrauen, der da ist, den sie lieben. Wir sehen: Viele Irrtümer und mögliche Verletzungen gehen sowohl mit starken Bremsen als auch mit starkem Gaspedal einher. Natürlich gilt das auch für schwache Bremsen und schwache Gaspedale. Die meisten Menschen liegen wohl irgendwo in der Mitte – aber alles ganz normal. Man muss sich nur ein wenig kennenlernen und akzeptieren, dann findet man für alles andere auch Lösungen. Wirklich! Diese innere seelische Erkenntnis ist wichtig für ein psychisch gesundes, fröhliches und erfüllendes Sexleben. Lesen Sie Nagoski! Und dann kann es mit den verschiedensten Stimuli auch losgehen.

Voll Porno

Viele Menschen stimulieren sich vor allem dadurch, dass sie zugucken. Das Internet hat uns eine Fülle an Gelegenheiten eröffnet. Eine der größten Seiten mit Pornografie im Angebot ist pornhub.com. Dort nutzen täglich 60 Millionen Menschen die Angebote, und Pornhub hat angefangen, über den Pornokonsum seiner Besucher/innen Statistiken zu führen. Das ist mit Blick auf den Datenschutz zwar bedenklich, wenn man aber Angaben über Pornografie im Netz und die User sucht, ist man geneigt, das etwas anders zu bewerten. Der Mangel an belastbaren Zahlen rührt vor allem daher, dass die sogenannte »Rettungsindustrie« (siehe Kapitel »Sex als Arbeit«) floriert und nicht müde wird, sich Zahlen mehr oder weniger auszudenken. Natürlich ist auch nicht gesichert, dass Pornhub seine Zahlen nicht frisiert hat, als pures Marketingmittel, um die Aufmerksamkeit der Medien periodisch auf sich zu lenken (so veröffentlichen die Macher ihre Ergebnisse besonders gerne zu sportlichen Großereignissen wie Fußball-Weltmeisterschaften oder auch Olympia). Aber schauen wir uns die Pornhub-Zahlen mal an: Man erfährt, dass viele besonders gerne Lesben beim Sex zuschauen; eigentlich verwunderlich, wo Lesben doch in der Gesellschaft ansonsten keine sonderliche Aufmerksamkeit erfahren. Zweitliebster Suchbegriff: »Teen« (da fängt es dann schon an, schwierig zu werden), gefolgt von »Stiefmutter«, »Cartoon«, »MILF« und »Mutter«. Der Fantasie sind eben keine Grenzen gesetzt. Ein amüsanter Aspekt: die Suche nach »Pokémon Pornos« stieg im Jahr 2016, als das bekannte Smartphone-Spiel auf die Bildfläche trat, stark an.

Pornografie ist aus dem Internet nicht mehr wegzudenken – und ist das Internet noch aus unserem Alltagsleben wegzudenken? Vielen Menschen macht dieser Ist-Zustand Angst, und ich kann das absolut verstehen! Es gab eine Zeit, da hatten Pornos und ich eine sehr einfache Beziehung: gar keine. So gut ich nur konnte, bin ich ihnen aus dem Weg gegangen. Um das nicht weiter thematisieren zu müssen (denn ja: es ist schon ein wenig komisch, wenn man angesichts des Verhaltens der anderen, der »normalen« Menschen, beschließt, sich da komplett zu versperren), sagte ich immer nur: »Ich bin verklemmt.« Es folgten meistens ein paar hochgezogene Augenbrauen, und Leute sagten »du? – ach quatsch!«, aber ich wurde in Ruhe gelassen, und das war es ja nur, was ich wollte. Der Grund, warum ich in Ruhe gelassen werden wollte, war, dass ich zu vieles gesehen hatte. Die Bandbreite dessen, was man online an »Pornografie« bekommen kann, ist unermesslich. Und es ist vieles dabei, das ein zartes Gemüt zwangsläufig verstören muss. Man landet dort schneller, als einem lieb sein kann. Zum Beispiel wollte ich gerade einfach nur das Sprichwort suchen, welches besagt »If it exists, there is porn of it« – übersetzt: »zu *allem* gibt es Pornos«. Zack – auf einer unappetitlichen Seite gelandet! Wirklich widerlich. Welch Hohn, dass ich vorher von der Seite gefragt werde, ob ich denn erwachsen sei! Ja, bin ich – aber das heißt noch lange nicht, dass ich mit *allem* klarkomme! Das ist genau der Grund, warum ich Pornos sehr lange

Most wanted

Die auf der Website »Pornhub« am häufigsten eingegebenen Suchbegriffe

lesbian 🔍

teen 🔍

step mom 🔍

cartoon 🔍

milf 🔍

mom 🔍

step sister 🔍

squirt 🔍

massage 🔍

black 🔍

hentai 🔍

anal 🔍

threesome 🔍

japanese 🔍

step mom and son 🔍

gangbang 🔍

ebony 🔍

asian 🔍

creampie 🔍

celebrity sex tape 🔍

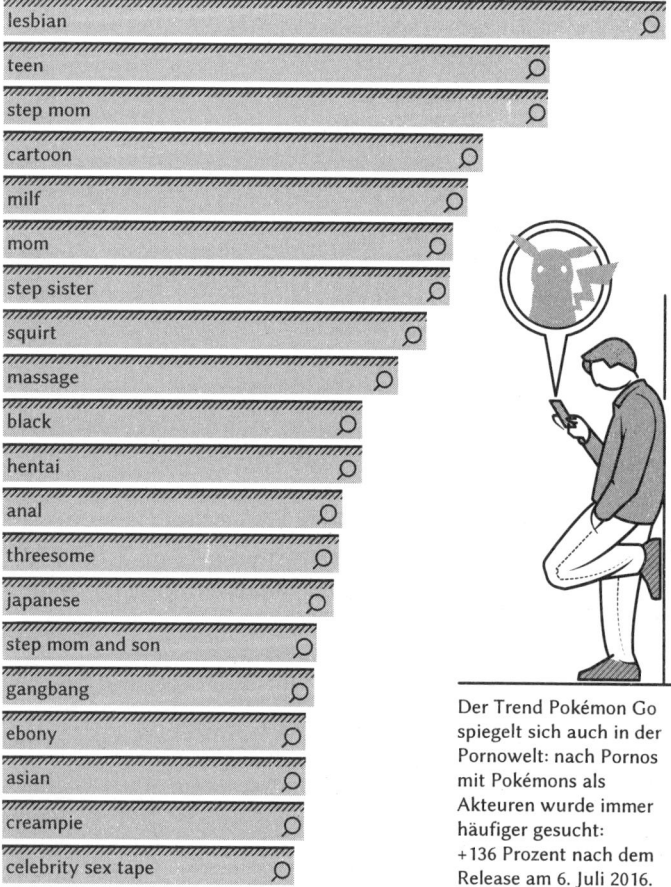

Der Trend Pokémon Go spiegelt sich auch in der Pornowelt: nach Pornos mit Pokémons als Akteuren wurde immer häufiger gesucht: +136 Prozent nach dem Release am 6. Juli 2016.

aus dem Weg gegangen bin: aus purem Selbstschutz. Umgekehrt ist die Frage ein Witz – man muss nur auf »ja« klicken, schon ist man drauf, egal, ob man 34, 23 oder 11 Jahre alt ist. Inwiefern das Kinder davor schützt, auf Seiten mit Missbrauchsdarstellungen und gewaltvollen pornografischen Inhalten zu kommen, ist mehr als fraglich.

Es gibt aber noch einen Grund, warum ich mich lange lieber selbst klein gemacht habe (denn etwas anderes ist es ja nicht, sich selbst als »verklemmt« zu bezeichnen), als mich mit Pornografie zu beschäftigen: Irgendwann habe ich festgestellt, dass ich einen so großen Teil typischer Pornos so dermaßen schlecht finde, dass es mich ernsthaft Zeit kosten würde, jene zu suchen, die mich tatsächlich erregen und stimulieren. Und hey – das Leben ist verdammt kurz! Viel effizienter war es, mein kreatives, buntes Kopfkino anzuschalten und dort genau die Filme abzuspielen, die ganz nach meinem Geschmack sind: aufregende, spannende, rührende, schmutzige, respektvolle und lustige Szenen, in denen beide Spaß haben, beide den Körper des anderen sichtlich absolut betörend finden, wo geknutscht wird bis zu dem Moment, wo einfach gar nichts mehr klar läuft im Gehirn und wo Hände einfach überall am Körper zu finden sind. Lust pur, Spaß pur, Verlangen pur, Lechzen – die Filme in meinem Kopfkino sind einfach allererste Sahne! In Sachen Pornografie habe ich die Messlatte dank meiner eigenen Fantasie so hoch gehängt, dass ich es nur deprimierend finde, wenn in schlecht ausgedachten Geschichten Riesenpenisse auf Ballonbrüste treffen, Sperma im Gesicht landet, nacktrasierte Vulven vor sich hin glänzen und lieblos gerubbelt werden, Gegenstände in Körperöffnungen eingeführt werden und Menschen dermaßen unglaubwürdig hecheln und stöhnen, untermalt von einem Klatschen, das mich seltsam an den Musikantenstadl erinnert, wenn Florian Silbereisen die Wildecker Herzbuben anmoderiert … kurz: Das Klischee von Sex, das hier transportiert wird – es frustriert mich einfach zu sehr. Es ist keine Sekunde meines kurzen Lebens wert, und ich finde, diese Erkenntnis sollte die eigene Selbstliebe bei allen befördern. Aber davon sind wir weit entfernt.

Hot Girls Wanted ist ein Dokumentarfilm, der aufzeigt, wie in den USA junge Mädchen »freiwillig« als Darstellerinnen in Pornos auftreten und wie problematisch diese Szene ist. Die porträtierten Mädchen finden den Weg dorthin durch eine Anzeige im Portal »Craigslist«, welche eben lautete »Hot Girls Wanted«. Sie landen bei einem Team aus Pornomachern in Miami, von denen sie bezahlt werden, die ihnen Drehs vermitteln und die ihnen auch ein Dach über dem Kopf bieten, eine Wohnung, die sie sich mit den anderen neuen Darstellerinnen teilen. »Chef« der Agentur ist Riley, der aus Gründen, die für mich absolut nicht nachvollziehbar sind, erlaubt hat, dass die Filmemacherinnen ihn in seinem Bungalow, seine Arbeit und das Leben der Mädchen begleiten. Er ist sich nicht zu schade für Sätze wie »Jeden Tag wird ein Mädchen 18, jeden Tag will ein Mädchen Pornos machen. Es wird immer Nachschub geben«. Die Mädchen werden schnell ausgetauscht; wenn sie zu alt, zu dick oder zu verbraucht sind, dann bekommt er eben neue. In der Dokumentation wird deutlich, wie sehr dieses »freiwillig« eine Gratwanderung ist. Der Zwang besteht nicht nur durch Gewaltandrohung oder Erpressung, nein: Es ist Gruppenzwang und Machtausübung gegenüber komplett naiven Mädchen, die nie älter als 18 oder 19 Jahre sind, die perfekt die große Nachfrage nach »Teen Porn« erfüllen. Man nutzt ihre Naivität und ihren narzisstischen Geltungsdrang schlicht aus.

Ein ähnliches Beispiel ist das autobiografische Werk von Marie Calloway, einer jungen amerikanischen Autorin, die sich als Bloggerin mit sehr offenem Sexleben einen Namen gemacht hat, vor allem auch, weil dieses von Macht, Gewalt, Erniedrigung und niemals Lust geprägt ist, was viele Menschen schockiert. In ihrem Debüt *Es hat echt überhaupt nichts mit dir zu tun* berichtet sie, wie sie sich prostituierte, um an Geld zu kommen, wie sie Cybersex im Internet hat, wie sie darauf steht, gedemütigt zu werden, und warum sie beim Sex nichts empfinden kann. Sie selbst hat sich, so scheint mir nach der Lektüre des Buches, von der eigenen Sexualität komplett entfremdet. Lust, Spaß und erst recht Liebe kommen darin nicht vor. Es ist unfassbar traurig zu lesen. Sie ist immer wieder kurz auf der Suche nach dem »warum«, verliert dann aber wieder den Faden und sich in ihren alten Mustern und schläft in nur vier Jahren mit über 70 Männern, ohne dass eines dieser Erlebnisse »schön« genannt wird. Auch hier spielt das Erleben der Porno-Industrie eine Rolle, wenn sie sagt: »Ich wusste nicht, wie ich mich beim Sex verhalten sollte, und diese Lücken waren von Pornos gefüllt worden, die mir beigebracht hatten, dabei die ganze Zeit total geil und verzweifelt zu wirken.« Ich behaupte: Dass sich junge Mädchen und Frauen wie Calloway und wie die in *Hot Girls Wanted* Porträtierten verhalten, liegt an einem fehlenden Verständnis davon, was Sex sein kann. Stattdessen wird in den meisten Pornos eines vermittelt, das eindimensional und leer scheint: ficken, klatschen, stöhnen, ins Gesicht ejakulieren. »Ich bin es so leid, dass Männer so tun, als würden sie etwas anderes in mir sehen als eine Nutte, dass sie irgendeine Frau als etwas anderes sehen denn als eine Nutte« – wie traurig ein solcher Satz, wie hart, wie fern und doch: es gibt ihn.

Calloway mag eine von sehr wenigen sein, die ihn aufschreiben, aber viel zu viele könnten ein Bild weiblicher Sexualität haben, das genau so aussieht.

Aber: Angst ist eine schlechte Beraterin. Immer. Wenn ich sage, dass ich die Angst vor der Verbreitung von Pornografie durch das Internet *verstehen* kann, so heißt das nicht, dass ich sie *gutheiße*. Das Problem ist nämlich nicht die schiere Existenz der Pornografie an sich, das Problem sind der Mainstream-Pornobereich und natürlich alle kriminellen und strafrechtlich relevanten Ecken der Branche, die mit der sexualisierten Gewalt an Kindern ihren Gipfel finden. Kampagnen wie »PorNo« der Frauenzeitschrift *Emma*, angeführt von Alice Schwarzer, und diverse Kampagnen aus dem Netz, vornehmlich in den USA, versuchen mit mehr oder weniger fanatischem Eifer, jegliche Pornografie als böse und krank zu stigmatisieren und zu verbieten. Sie zeigen mit dem Finger auf die fiesen Auswüchse einer Industrie, die so viele verschiedene Facetten zeichnet, dass es sich lohnt, genauer hinzusehen. Zum Beispiel gibt es da die Sparte des »Feminist Porn«. Ich mag den Begriff eigentlich nicht, da es bloß wie eine Variante neben den anderen klingt,

Hier meine – völlig subjektiven! – Top-Five-Porno-Tipps, die mich versöhnlich gestimmt haben gegenüber einer Branche, die viel zu lange von Lieblosigkeit und Klischees geprägt war:
◆ MakeLoveNotPorn.com / MakeLoveNotPorn.TV
◆ LucieMakesPorn.com
◆ Film: *Lucia und der Sex*
◆ klicktoris.ch
◆ LustCinema.com

also »Teen«, »Lesbian«, »MILF« und nun eben auch »Feminist«. Viele stempeln diese Pornos gleich als »spaßbefreit« ab, ohne auch nur einen einzigen davon jemals gesehen zu haben. Deswegen machen mehr und mehr Sparten wie »Indie« oder »Alternative« die Runde. Und sie finden Anhänger beider Geschlechter, viele haben lange und sehnsuchtsvoll darauf gewartet.

Make Love Not Porn

Cindy Gallop ist genervt. Die 1960 geborene quirlige Actionheldin (zumindest kommt sie einem manchmal wie eine solche vor) datet gerne jüngere Männer. Dummerweise läuft mit denen im Bett manchmal einiges falsch, komisch, daneben. Die scheinen nicht wirklich zu wissen, wie man eine Frau eigentlich befriedigt, die machen Sex auf eine seltsame Art: »In einer Ära, in der Hardcore-Pornografie mehr denn je über das Internet verfügbar ist und wo Kids daher in der Lage sind, darauf zuzugreifen, in einem jüngeren Alter als jemals zuvor, wächst eine ganze Generation auf, die glaubt, was man in Hardcore-Pornografie sieht, ist, wie man Sex hat.« Gallop sieht dies insbesondere deswegen als gefährlich an, weil die Gesellschaft um diese Generation herum eine ist, die auf puritanischen Doppelstandards beruht. Wo Eltern sich nicht trauen, mit ihren Kindern offen über Sex zu sprechen, und wo Schulen versagen,

»make SENSUAL, MARRIED, ALFRESCO, FIRSTTIME, TOYTIME, GUSHING, TENDER, PASSIONATE, DRESSEDUP, QUIET, BACKDOOR, CONDOM-HOT, ROPE-A-LICIOUS, WAKEYWAKEY, DARING, CREATIVE, LICKJOB love not porn«

diesen Bildungsauftrag wahrzunehmen, aus Angst, gegen politische Korrektheit zu verstoßen. Die Auswirkungen hat Gallop direkt zu spüren bekommen; sie sieht sich gezwungen, den jungen Männern, die sie datet, klarzumachen, dass nicht jede Frau es mag, wenn der Mann ihr ins Gesicht ejakuliert. Sie macht sich dabei weniger Sorgen um sich, denn sie ist alt und selbstbewusst genug, klar zu sagen, was sie will und was nicht. Sorgen macht sie sich um junge Menschen, denen beigebracht wurde, dass alle Männer das Gleiche lieben, und gerade um junge Frauen, die es einzig oder vor allem deswegen mitmachen, *weil man das so macht*. Es geht ihr allerdings nicht darum, den sogenannten *Cumshot* im Gesicht der Frau zu verteufeln! Sondern darum, aufzuklären, dass nicht alle Menschen alles mögen und dass Hardcore-Pornografie sehr klischeehaft und oft eindimensional ist – zuungunsten aller, aber insbesondere zum Nachteil von Frauen, die darin oft als immer verfügbare Objekte gezeichnet werden.

Ihr Gegenentwurf heißt »MakeLoveNotPorn.com«, eine Seite, auf der über durch Hardcore-Pornos entstandene Irrtümer aufgeklärt wird. Und mit ihrer eigenen Sex-Seite, »Make-LoveNotPorn.tv«, setzt sie dem direkt etwas entgegen: Ein Portal, auf dem all jene, die dafür bezahlen, *echten* Sex zu sehen bekommen, in Filmchen, die Nutzer/innen der Seite selbst hochladen. Was kommt dabei heraus? Ein gläubiger Moslem sagt in seinem Feedback nahezu alles, was man dazu sagen kann: »I am a religious muslim, and even though I consider sex out of marriage haram, and public sex even more haram, I am unfortunately kind of addicted to porn. But anyway, when I saw what this website has to offer, I was kind of blown away, this is really not porn, this is purely from the heart, I really think if people are going to watch porn, they should watch this instead, at least they'd be addicted to love in addition to sex. Good job to whoever made this community, and way to go.«*

Lucie Makes Porn

Lucie heißt die Frau, die auch die Nase voll hat von all den »jungen Mädchen« (eigentlich botoxierte 40-Jährige mit aufgepumpten Brüsten), die einen Handwerker bestellen, um ihn dann »mit Naturalien zu bezahlen« (früher), und von Teen-Mädchen, die einen extrem dicken Penis in alle Öffnungen gesteckt bekommen (heute). Sie hatte das gleiche Problem wie ich oder Cindy Gallop: Pornos zeigen zu einem großen Teil nicht, was Sexualität in der Realität bedeutet und wie viel Spaß Sex machen kann. »Guter Sex hat nichts mit der Größe deiner Titten zu tun oder damit, wie weit dein Partner ejakulieren kann«, findet Lucie, und wie Cindy Gallop hat sie sich ein Herz gefasst und beschlossen, ihren eigenen Beitrag zu leisten.

Auch Lucie hat ein ambivalentes Verhältnis zu »Feminist Porn«, denn sie findet die Angst vieler Feministinnen vor Pornografie und die Kampagnen zu deren Abschaffung Blödsinn. »Es ist gesund! Es ist bloß Sex! Jeder mag es, tut es und guckt es!« – so einfach könnte man Lucies Herangehensweise zusammenfassen, und das spiegelt sich auch in ihren Filmen. Ich kenne ein paar Leute, die Pornos generell ablehnen. Nicht, weil sie moralisch ein Problem damit hätten, sondern weil es sie schlicht abturnt. Ich habe zweien von ihnen Lucie auf die Nase gebunden, und beide fanden es geil. Zum ersten Mal! Das will was heißen – zumal wir schon drei sind, denn auch bei mir hat Lucies Pornoseite (LucieMakesPorn.com) stark dazu beigetragen, Scheu und Abscheu wieder loszuwerden. Lucies Pornos sind nicht kostenlos – kostenlos ist in der Branche ohnehin weitestgehend ein schlechtes Merkmal, denn wer gute Arbeit will, muss eben auch bezahlen.

Lucia und der Sex

Lucie bringt es auf den Punkt, wenn sie sagt: Porno ist Sex auf dem Bildschirm oder auf der Leinwand. Nichts anderes. So gesehen ist *Lucia und der Sex*, ein Film des spanischen Regisseurs Julio Médem aus dem Jahr 2001, nichts anderes als ein Porno. Der Film hat bei Fans des spanischen Kinos nahezu Kultstatus erreicht, und das finde ich kein bisschen vermessen. Was er schafft, ist eine künstlerische Darstellung einer komplexen Geschichte, in der Liebe, Tod, Schmerz, Verlangen und menschliches Versagen genauso zu sehen sind wie eben: Sex. Lustvoller, unverklemmter, spaßiger und manchmal traurig-schöner Sex. Filme wie dieser, in denen Sex plötzlich nicht mehr verschämt und bloß angedeutet dargestellt wird, sondern pornografisch, als ganz natürliches Element zwischen vielen genutzt wird, um Menschlichkeit zu zeigen und Emotionen zu vermitteln, sind selten. Aus Cannes kam 2016 die Nachricht, dass mehr Filme mit expliziteren Szenen mit Nacktheit, Sex und Geschlechtsteilen als sonst bei den Filmfestspielen gezeigt wurden. Und mehr noch: Queere Ideen und Diversität mischen sich dazu – wie wunderbar! Bisher war Sex in Filmen eher ein Tabu, auch, weil Filme, die wegen (s)expliziter Szenen für ein Alter ab 16 oder 18 Jahren freigegeben sind, sich in den Kinos schlechter verkaufen lassen. Nacktheit und Trieb – Menschen sind so, Menschen leben so, und vielleicht können wir uns wirklich freuen, falls aus Cannes ein frischer Wind herüberweht, der die üblichen, hochglanzpolierten und surrealistischen Sexszenen wegpustet, wie sie in Hollywood immer noch üblich sind, inklusive Körperdoubles und unterschwelliger Verschämung.

Klicktoris.ch

Meine ersten Erfahrungen mit »anderem« Porno im Netz habe ich mit der Seite klicktoris.ch gesammelt, die mir eine Freundin empfohlen hatte, mit der ich oft einer Meinung war, wenn es um Gefallen oder eben Nicht-Gefallen ging, kurz: sie schien mir eine glaubwürdige Quelle für *wirklich* guten Stoff zu sein (sie ist so sensibel, dass ihr bei dem Wort »Schrundensalbe« schlecht wird).

Klicktoris ist ein Portal, auf dem schöne Bilder und bewegte GIFs geteilt werden, die man anderswo findet. Ein kuratiertes Porno-Sammelsurium. Besonders die Ästhetik der Seite ist

»Klicktoris spricht über weibliche Pornografie.
Klicktoris teilt erotische Leckerbissen mit hungrigen
Mädchen und Frauen.
Klicktoris bietet kritische Berichte über Neues und Altes
auf dem Erotikmarkt.

Weil wir Lust drauf haben
Weil Sex viele Gesichter hat
Weil Erotik und Porno keine Männerdomäne sein dürfen«

auffällig, viele Bilder erinnern an die gute alte Kunst des Pin-ups, sie sind oft nicht mehr als eine erotische Andeutung, das Wesentliche bleibt verhüllt, um das Kopfkino der Betrachterin anzukurbeln. Daneben gibt es aber auch genug Penisse und Vulven anzuschauen. Kunstvolle Schwarz-Weiß-Fotografie neben Szenen am Kamin, weiche Bewegungen und kantige Kerle – der Feuchtigkeitshaushalt freut sich! Zwischendrin gibt es auch immer einmal Zeichnungen oder Gemälde aus anderen Jahrhunderten, denn man darf nicht vergessen: Immer schon waren Menschen fasziniert von erotischen Darstellungen, Pornografie ist nun wirklich keine Erfindung des Internets! Allerhöchstens die fastfoodartige Seite der Pornografie hat hier sicherlich ihre große Epoche, aber das wollen wir ja langsam durch Gourmet-Pornos ersetzen, nicht wahr? Deswegen wird auf Klicktoris liebevoll geleckt, und Zärtlichkeiten sind keine Ausnahme, sondern die Regel.

Pin-up des französischen Illustrators Patrick Hitte.

Sie ist in der feministischen Szene schon lange eine Ikone, und ähnlich wie »Lucie Makes Porn« kann man ihre Werke als eine Art Gegenentwurf zum Mainstream-Porno begreifen. Auf LustCinema.com sammelt sie erotische Filme auch anderer Regisseure, die ihrem Geschmack und ihren Kriterien entsprechen. Hier gibt es jeden Freitag neue Filmchen, die man am Wochenende in Ruhe ansehen kann, um ein wenig auszuspannen. Dieser Service kostet, je nachdem, ob man monatlich oder gleich jährlich zahlt, zwischen 11 und 34 Euro pro Monat. Aber es lohnt sich!

Lusts eigene Filme kann man auch einzeln im Handel kaufen, wenn man lieber nicht in ein Abo eintreten will. Und einen erotischen Roman hat sie auch geschrieben – womit ich auch am Ende meiner Empfehlungsreihe angekommen wäre.

»Lust Cinema ist ein Online-Kino, das das Beste des Erwachsenenkinos versammelt und euch frische, ästhetische, innovative und moderne Produktionen bietet. Hier könnt ihr Arbeiten der besten neuen Regisseure streamen und downloaden. Sie alle haben eines gemeinsam: Sie finden, dass es Zeit ist für eine neue Sicht auf Erwachsenenunterhaltung.«

Um einen »guten« Porno zu finden, braucht man eine Vorstellung davon, was man selbst gerne mag und was man sich am liebsten im eigenen Kopfkino »anschaut«. Bei mir persönlich kommen die Projekte und Filme, die ich hier kurz vorgestellt habe, schon recht nahe an das heran, was ich als stimulierend und erotisch empfinde. Auch wenn oft die Lücke zwischen dem Gefühl, Sex zu *haben*, und dem, Sex zu gucken, nicht geschlossen werden kann, denn das Gefühl von Sex optisch zu vermitteln ist schwer. Man sieht das *Gefühl* beim Sex am besten in den Gesichtern, finde ich, und man sieht es einer Frau auch an, wenn sie wirklich kommt – etwas, was mich in Filmen enorm anturnt! Das alles gibt es allmählich immer häufiger. Das natürlich bleibende Manko: Die Darsteller sind in meinem Kopfkino ganz andere, und diese Leerstelle wird so bald kein Porno dieser Welt füllen können.

Die visuelle und haptische Stimulation der Zukunft?

Das Internet und die neuen Medien haben nicht nur dem Porno zu noch größerem Erfolg verholfen, sondern auch der Sex-Chat, der Cybersex und neue virtuelle Realitäten sind ihnen zu verdanken. Die sogenannte Oculus Rift ist eine Art Brille, die es dem Nutzer ermöglicht, in eine virtuelle Realität einzutauchen. Sie wird vor allem zum Spielen und für Abenteuer in virtuellen Welten eingesetzt, doch auch die Porno-Industrie hat sie entdeckt und maßgeschneiderte Sexabenteuer für sie entwickelt. Während die Oculus Rift vor allem ein visuelles Erlebnis bringt, gibt es inzwischen auch USB-Vibratoren, die eine Verknüpfung mit einem eigens dafür entwickelten Spiel oder Porno ermöglichen: visuelles und vaginales/anales Erleben lassen sich so miteinander verbinden.

Kommt als Nächstes der Sex-Roboter? Für die meisten Experten gilt das als ausgemacht. Schon jetzt erfreut sich die sogenannte Real Doll einer weiten Verbreitung. Bekannt geworden ist sie unter anderem durch die Berichte über einen japanischen Arbeiter, der mit seiner Real Doll verheiratet ist und sie schon seit vielen Jahren in sein Alltagsleben integriert hat, als wäre sie seine reale Partnerin. Eine Real Doll hat naturgetreu gestaltete Körperöffnungen, um auch den Sex möglichst authentisch erlebbar zu machen. Es braucht nicht viel schmutzige Fantasien, all diese jetzt bereits existierenden Produkte zusammenzudenken: Für Männer wie für Frauen werden virtuelle Sexabenteuer in Zukunft vielleicht eine viel größere Rolle spielen, als es Pornos heute tun. Vielleicht finden die auf den vorangehenden Seiten genannten Kriterien für guten Porn bei diesen Cybersex-Produkten ja dann von Anfang an Berücksichtigung. Wünschenswert wäre das jedenfalls …

Eine kleine Geschichte des Sex

Warum gibt es unendlich viele Stigmata, Tabus und sehr viel daraus resultierendes Leid rund um die eigentlich schönste Sache der Welt, wo doch das ganze Internet zugleich voll von Pornografie ist, die mehr oder weniger alles abdeckt, was man sich vorstellen kann? Schuld ist, um es kurz zu machen: die Kultur. Ein kurzer Blick zurück in die Geschichte kann zeigen, aus welchen Epochen bestimmte Regeln stammen könnten.

Sexualität in der Frühen Neuzeit

Eva Lehner ist Wissenschaftliche Mitarbeiterin am Historischen Institut der Universität Duisburg-Essen, Abteilung Geschichte der Frühen Neuzeit, mit einem Forschungsschwerpunkt auf Geschlechter- und Sexualitätsfragen im deutschsprachigen Raum. Sie hat damit einen guten Einblick in genau jene Zeit, die dem vorausgeht, was wir »Moderne« nennen, jene Zeit vor der Aufklärung und der Verwissenschaftlichung der Welt, jene Zeit, in der unsere Kultur enger mit der Religion verwoben war als heute und Obrigkeiten und Dorfgemeinschaft vorgaben, wie Frauen und Männer zu leben hatten – auch die Sexualität betreffend. Diese Zeit ist deswegen so spannend, da sie uns vor Augen führt, wie westliche Europäer Werte und Normen in Bezug auf die Ehe festlegten, die in Teilen bis heute weiterwirken – manche institutionalisiert, manche unbewusst – oder erst vor sehr kurzer Zeit gesetzlich abgeschafft wurden, wie etwa das Sexgebot in der Ehe.

Was ist die Frühe Neuzeit – wann beginnt sie, wann hört sie auf?

Wir Historiker meinen damit alles, was zwischen Reformation und Französischer Revolution stattfand. Rund 1500 bis 1800; wie 1789 war auch die Reformation gewissermaßen eine Epochenzäsur: Das Christentum spaltete sich. Man könnte sagen, die Frühe Neuzeit ist die Übergangsphase zwischen Mittelalter und Moderne.

Was kennzeichnet diese Epoche?

Der Buchdruck und dadurch eine ganz neue Form von Öffentlichkeit, die Entdeckung der »Neuen Welt« – also die großen Expansionen –, ein wenig später kommt dann die Verwissenschaftlichung der Welt hinzu.

Welche Rolle spielt diese Zeit für die Sexualität?

Im 18. Jahrhundert erkämpften sich Mediziner und Psychologen dieses Feld und begannen, viel dazu zu forschen. Den Begriff »Sexualität« schufen sie allerdings erst im 19. Jahrhundert.

Was für eine Form von Sexualmoral gab es in der Frühen Neuzeit?

Das ist natürlich schwierig, weil, wie schon gesagt, der Begriff erst später geprägt wurde. Es gibt sogar die Ansicht, dass die Zeit vor 1850 für die Erforschung der Sexualität irrelevant sei – dem würde ich aber widersprechen. Man analysiert hier nicht nur Aspekte der Sexualität, sondern vor allem Ehe-, Familien- und Verwandtschaftsangelegenheiten. Wir können daraus manches ableiten. Das 16. Jahrhundert ist ein markanter Einschnitt für die Sexualität im christlichen Europa, da ist sich die Forschung einig: Mit Luther wurde zum ersten Mal die Sexualität aus dem rein Sündhaften herausgelöst und als zur Natur des Menschen gehörig definiert. Das war völlig revolutionär und brachte einen Umbruch in der Sexualmoral. Es gab auf einmal ganz andere Möglichkeiten; das Zölibat war für Geistliche nicht mehr das Ideal, sondern Sexualität gehörte nun zum Menschen – aber natürlich nur in der Ehe.

Welche Quellen nutzen Sie, wenn Sie zur Sexualität in dieser Zeit forschen?

Sehr wichtige Quellen sind wegen dieses Umbruchs, vor allem auch im priesterlichen Leben, Schriften von Theologen, die sich über Fragen der Sexualität gestritten haben. Die protestantischen und katholischen Schriften aus dem 16. Jahrhundert repräsentieren aber natürlich eine sehr normativ-theologische Sichtweise. Wichtig auch: Gerichtsakten. Wir wissen wenig über die ganz normale Sexualität in der Ehe. Wenn es jedoch Konflikte gab, wenn sich Eheleute stritten, wenn die Nachbarn tuschelten, weil eine Frau unverheiratet schwanger war – und wenn das dann an die Obrigkeit und an die Gerichte weitergegeben wurde –, gibt es diese Quellen. Alles, was kriminalisiert wurde, können wir also erforschen. Das führt aber zwangsläufig zu einem Ungleichgewicht.

Was ist denn zu dieser Zeit in Europa kriminell gewesen?

Mit der Reformation lag wie gesagt der Fokus auf der Ehe. Innerhalb der Ehe war viel erlaubt, die eheliche Pflicht umfasste auch die Sexualität des Ehepaars. Gleichzeitig war aber alles außerhalb der Ehe, Ehebruch oder die Mehrfachehe Unzucht, und dieses unzüchtige Verhalten war strafbar. Wenn es ganz dumm lief, dann wurde der Ehebruch mit dem Tod bestraft, also keineswegs als Kavaliersdelikt behandelt. Hinzu kommen sogenannte »widernatürliche« Sexualdelikte – darunter fiel alles, was nicht primär auf Fortpflanzung ausgelegt ist: gleichgeschlechtliche Sexualität, also Sodomie, hat fast immer die Todesstrafe nach sich gezogen, wenn die Personen angeklagt wurden und vor Gericht kamen; Selbstbefriedigung wiederum wurde kaum vor Gericht verhandelt, aber erlaubt war sie in keinem Fall. Es gab also einerseits eine Herauslösung der Sexualität aus dem Bereich des Sündigen, andererseits wurde sie ganz in die Ehe verlagert, und diese war sehr stark kontrolliert und reglementiert, vor allem in katholischen Gegenden Europas. Das wiederum betraf Frauen und Männer sehr unterschiedlich.

Inwiefern?

Eine Frau geht immer das Risiko ein, schwanger zu werden. Eine Schwangerschaft kann also unter Umständen außerehelich stattgefundenen Sex verraten. Frauen standen unter Beobachtung: durch die Nachbarschaft, durch die Verwandtschaft oder durch die Obrigkeit. Auch wenn eine uneheliche Schwangerschaft nicht automatisch bedeutete, dass man keine Unterstützung bekam oder ausgestoßen wurde, wurde das »Vergehen« der Frau problematisiert. Aus kirchlichen Aufzeichnungen, vor allem aus dörflichem Umfeld, geht hervor, dass der Pfarrer bei der Taufe fragte, wer der Vater des Kindes sei; wenn dieser genannt wurde und dann ja auch meistens allen bekannt war, konnte er dazu verpflichtet werden, Unterhalt zu zahlen oder sich zu kümmern. Aber in vielen Fällen stand die Frau alleine mit ihrem Kind da, und dann war es schwierig, ihre Ehre wiederherzustellen.

Was folgte aus dieser verlorenen Ehre?

Aus einigen Aufzeichnungen aus dieser Zeit geht zum Beispiel hervor, dass den Frauen und ihren unehelichen Kindern spezielle Plätze in der Kirche zugewiesen wurden, um sie als Außenseiter zu brandmarken. Manche Frauen heirateten wieder, aber zunächst einmal hatten sie an Status verloren. Einen Ehemann oder eine Anstellung zu finden war für sie auf jeden Fall schwieriger. Zugespitzt lässt sich sagen: Die Ehre der Frau – und Ehre galt damals gesellschaftlich viel – war insgesamt weitaus mehr an die Sexualität geknüpft als die Ehre des Mannes. Eine Frau musste als Jungfrau oder als Ehefrau integer sein. An ihrer Integrität wiederum hing dann die Ehre des Mannes und der ganzen Familie. Männer selbst konnten sich sexuell vieles erlauben, ohne Ehrverlust, denn ihre Ehre war nicht primär über die Sexualität bestimmt.

Das ist heute ja teilweise ähnlich.

Wie war es denn um die Ehe in den unterschiedlichen Ständen bestellt? Gab es überhaupt Unterschiede?

Im Hochadel wurden Ehen arrangiert, oft schon in jungen Jahren. Bei der übrigen Bevölkerung war das Heiratsalter deutlich höher: es wird auf etwa 26 Jahre geschätzt, das mag regional aber sehr unterschiedlich gewesen sein. Davor arbeiteten die Brautleute als Magd bzw. Knecht an unterschiedlichen Höfen; man war mobil, und vermutlich hat man auch schon vor der Ehe sexuelle Erfahrung gesammelt. Das ähnelt in gewissen Punkten unserer heutigen Situation: die jungen Leute waren eben unterwegs und führten ein Singleleben. Legitime Möglichkeiten der Eheanbahnung waren in einem tolerierten Setting vorhanden. Ich selbst komme aus Bayern, da gibt es bis heute das sogenannte »Fensterln«: ein Mann besucht eine Frau – auch eine Möglichkeit, sich sexuell kennenzulernen.

Noch heute urteilen wir nach Geschlecht ...

Positive Ausdrücke für einen sexuell aktiven Mann:

Don Juan
Hengst
Womanizer
Frauenheld
echter Mann
Liebhaber
Casanova
Der hat's drauf
Lover
Bengel   Player
Schelm
Held
Gentleman
gut im Bett

Positive Ausdrücke für eine sexuell aktive Frau:

gut im Bett
sexy
heiß
Feger

Negative Ausdrücke für einen sexuell aktiven Mann:

männliche Schlampe

Hurenbock

Negative Ausdrücke für eine sexuell aktive Frau:

Schlampe   Hure
Nutte   Flittchen
Hündin   Miststück
Ische
nuttig   Nymphomanin
Dirne   Luder
Tussi   Schickse
leichtes Mädchen
Bitch   Prostituierte   Flitscherl

Die Bräuche unterscheiden und unterschieden sich je nach Region, weniger nach Konfession.

Gab es auch Prostitution?

Die gab es. Das Ausleben der Sexualität auf die Ehe zu beschränken zielte darauf ab, Prostitution und »Hurerei« einzudämmen. Wichtig ist die Unterscheidung zwischen »Hurerei« und Prostitution: »Hurerei« bezeichnete jedes unzüchtige Verhalten. Das Hurenvolk waren jene jungen Leute, die vor der Ehe Sex hatten. »Prostitution« und »Kuppelei« findet man auch in Strafgesetzbüchern. Kuppelei bedeutete vor allem, Frauen verkuppeln andere Frauen gegen Geld. Beides war strafbar.

Wie steht es um Masturbation?

Die Kirche bezeichnete Masturbation klar als sündhaftes Verhalten, weil sie nicht auf Fortpflanzung ausgelegt ist. Der Onanie-Diskurs, in dessen Zug Masturbation stigmatisiert wurde, fand aber erst im 18. und 19. Jahrhundert statt: Masturbieren lauge laut den damaligen Medizinern und Psychologen bei Frauen wie Männern Geist und Körper aus. Zu dieser Zeit kam mit dem Begriff der Sexualität auch der der »Perversion« auf – Masturbation fiel darunter. Zugleich fing man an, über das Ideal eines Staatsbürgers nachzudenken und die Themen miteinander zu verknüpfen: Danach verletze man seine staatsbürgerlichen Pflichten, wenn man zu viel masturbiere. Diese Ansicht hielt sich unglaublich lang – zum Teil bis heute; auch in unserer eigenen Schulzeit war Masturbation etwas (auch ohne dass es deutlich ausgesprochen wurde), das man nicht macht. Die Wurzeln liegen hier aber, wie gesagt, nicht in der Frühen Neuzeit, sondern eben im späten 18. und im 19. Jahrhundert, als Mediziner und Psychologen sich der »Sexualität« widmeten und der Frage, was richtig und gut ist und was eben »Perversion«.

Mich würde interessieren, wie sich die Verpflichtung, ein Leben lang zusammenzubleiben und immer treu im Sinne von züchtig zu sein, für die Menschen damals ausgewirkt hat – gibt es persönliche Zeugnisse aus der Zeit, die darüber Aufschluss geben?

Tagebücher, Selbstzeugnisse und Briefe sind eine spannende Quellengattung und seit etwa 20 Jahren im Fokus der Forschung. Die Menschen sind recht alt geworden – das niedrige durchschnittliche Sterbealter ergab sich vor allem aus der hohen Kindersterblichkeit. Und es sind viele Frauen während der Geburt der Kinder gestorben. Aber die Männer konnten, wenn sie erst das 20. Lebensjahr überschritten hatten, ein hohes Alter erreichen – die Frauen auch, wenn sie nicht gerade bei den Geburten starben. So kam es, dass das, was wir heute »Patchwork-Familie« nennen, damals recht verbreitet war, denn man hat wieder geheiratet, wenn der Partner gestorben ist, und häufig waren da auch Kinder aus den Ehen vorher mit dabei. So ganz »für immer« war es also häufig gar nicht. Man konnte sich in der Frühen Neuzeit übrigens auch scheiden lassen.

Tatsächlich?

Im protestantischen Eherecht war es unter bestimmten Umständen möglich, sich scheiden zu lassen. Auch im katholischen gab es eine Möglichkeit, durch eine »Trennung von Bett und Tisch« eine Trennung der Partner zu erwirken. Das war allerdings keine richtige Scheidung. In diesem Zusammenhang sind die Ego-Dokumente, also Selbstzeugnisse oder Briefe, sehr interessant, allerdings geben sie nicht so viel Aufschluss über die Gefühle der Leute, wie es zum Beispiel für entsprechende Quellen aus dem 19. Jahrhundert der Fall ist.

Das kam dann wohl erst mit der Romantik?

Ja. Aber es gab natürlich Liebeslyrik. Vor kurzem habe ich

zudem in Hamburg im Archiv einen Brief gelesen, der in Gerichtsakten aufgetaucht ist: eine Frau schrieb hier einer anderen Frau, mit der sie verheiratet war! – Ganz mysteriöse Umstände. Sie hat den Brief nicht selbst geschrieben, da sie nicht schreiben konnte, aber sie hat ihn diktiert. Das ist natürlich eine sehr spannende Quelle. Auch Reiseberichte sind für unsere Fragen interessante Quellen.

Was lernt man aus diesen Quellen?

Man lernt, dass die Leute sich eben geliebt haben, so wie wir. Sie haben sich sexuell begehrt, mussten aber sorgfältig darauf achten, in welchem Setting sie ihr Begehren auslebten. Gerade im Hinblick auf das Begehren ist es besonders wichtig, die Quellen jeweils richtig zu lesen. Immerhin sieht man darin, wie das Ich thematisiert wurde, ganz anders nämlich als zum Beispiel in den Eheratgebern aus dieser Zeit. Aber auch sie sind eine wichtige Quelle.

Was stand in solchen Eheratgebern?

Darin stand, wie eine ideale Ehe aussieht, welche Rollen und Aufgaben der Ehefrau und dem Ehemann zukamen. Protestantische Eheratgeber zum Beispiel sehen die Sexualität theoretisch für Mann und Frau als wichtigen Bestandteil der Ehe. Allerdings findet man in diesen Ratgebern keine Sextipps. Im Grunde steht hier nur, *dass* man Sex haben sollte.

Wenn man in diesem Bereich forscht und sich anschaut, wie damals die Sexualität gelebt wurde, was kann man daraus für das Heute mitnehmen?

Ich hüte mich lieber vor zu leichtfertigen Gestern-heute-Pauschalisierungen. Wenn man bedenkt, dass es bis in die 1990er Jahre keinen Paragrafen zur Vergewaltigung in der Ehe gab – weil es eben diese Pflicht für die Frau gab, in der Ehe mit dem Mann zu schlafen –, dann wird einem klar, wie

Gab es in der Frühen Neuzeit Pornografie? Nicolas Choriers *L'Académie des dames* könnte man als eine solche deuten. Die Geschichten darin wurden im 17. Jahrhundert für die europäischen Fürstenhöfe geschrieben. Sie sind fiktiv und stehen nicht zwangsläufig in einem Zusammenhang mit den sie flankierenden Bildern. Bilder wie Text sollten vor allem erregen; sie spiegeln also weniger den sexuellen Alltag der Menschen als

vielmehr ihre sexuellen Fantasien. Dass es auch in Zeiten vor dem Vibrator zur visuellen oder haptischen Erregung Sexspielzeug gab, wie auf dem Bild dargestellt, ist immerhin wahrscheinlich (wenn man auch nicht mehr belegen kann, ob und in welchem Umfang Sexspielzeug zum Einsatz kam): was man heute aus Silikon oder Aluminium fertigt, konnte man aus Ton, Holz, Leder, Wachs oder Glas herstellen.

Altmodisches bis in unsere Zeit hinein wirkt. Ich persönlich lerne aus der Beschäftigung mit der Frühen Neuzeit, dass man davon wegkommen muss, die Sexualität auf den Geschlechtsakt zu reduzieren – wenn zum Beispiel eine Frau eine andere Frau in Männerkleidung geheiratet hat, das von den Nachbarn oder der Familie vor Gericht gebracht wurde und die Richter dann gar nicht so genau wissen, was sie da eigentlich verurteilen sollen. Sie können nichts Verurteilungsfähiges ausmachen. Klar: Frauen dürfen keine Männerkleidung tragen. Und eine andere Frau zu heiraten, sieht das Eheverständnis auch nicht vor. Aber wenn wir nach der Sexualität fragen und damit nach dem Geschlechtsakt, dann stellt sich die Frage: Was haben die da überhaupt gemacht? Es zeigt sich: Die wissen überhaupt nicht, was sie da eigentlich verurteilen sollen.

Weil die Sexualität nur als der Geschlechtsakt zwischen Mann und Frau festgelegt ist und es deswegen zwischen zwei Frauen keine Sexualität geben kann…

Genau.

Insgesamt gibt es viele Parallelen zu heute. Überraschenderweise war das durchschnittliche Heiratsalter sehr ähnlich, es gab viele Singles, es gab Patchwork-Familien. Dann gibt es aber wieder sehr viele Dinge, die komplett anders waren, als sie es heute sind: Heute ist Sexualität eine Privatsache. Sie geht niemanden etwas an. Damals mischte sich die Kirche ein, die Obrigkeit, die Dorfgemeinschaft. Das Spannende an der Forschung in diesem Bereich ist eben, zu untersuchen, was sich im Laufe der Zeit geändert hat, was nicht oder was verschwunden, aber wiedergekommen ist, sich gewissermaßen wiederholt hat.

So Gott will ...

»Sexualität ist ein Geschenk Gottes – warum sollte ich sie also nicht genießen?« sagt meine christlich gläubige Freundin Sophie. Kann denn Liebe Sünde sein? Ich bin Atheistin, aber ich glaube fest: Jeder Mensch darf die Früchte der Sexualität genießen, solange es um konsensualen Sex zwischen erwachsenen Menschen geht und niemand dabei ernsthaft zu Schaden kommt. Doch leider ist es nicht immer so einfach.

Der Sex, die Religion und die Frau – drei ganz heiße Eisen! Versuchen wir trotzdem, sie anzufassen. Über die Jahrhunderte hat jede Religion auch ihre eigene Sexualmoral entwickelt. Diese ist keinesfalls in Stein gemeißelt, sondern hat sich immer auch verändert und wird sich weiter verändern, auch wenn viele Traditionen und Rituale über die Generationen bewahrt werden. In allen Religionen gibt es nicht *den einen* Lebensstil, sondern verschiedene Arten, den eigenen Glauben zu hegen und zu leben. Immer gibt es Strömungen, die man eher als »orthodox« bezeichnen würde, und solche, die als »liberal« durchgehen, und es gibt nahezu immer auch fanatische Auslegungen der Schriften. Für die Frage, wie man Glaubensgrundsätze konkret im Alltag und in der Gesellschaft, im Zusammenleben umsetzt, gibt es jeweils einen großen Interpretationsspielraum, und die Antworten der Geistlichen fallen daher meist nicht eindeutig aus, sie können es auch gar nicht. So gibt es Musliminnen, die Kopftuch tragen, Juden, die nur andere Juden heiraten, und Christen, die niemals abtreiben würden – aber es gibt auch genug andere, die jeweils genau das Gegenteil tun. Wie man seinen Glauben lebt und wie man seinen persönlichen »richtigen« Weg findet, ist individuell sehr verschieden, und das Grundgesetz schützt genau diese eigene Ausgestaltung durch das Recht auf Glaubensfreiheit und das allgemeine Persönlichkeitsrecht. Was wir glauben, ist in Deutschland Privatsache, und das ist gut so. Es geht dich nichts an, wie dein Nachbar es mit der Religion hält. Wenn er davon erzählt – toll! Er scheint dir genug zu vertrauen, um einen sehr privaten und persönlichen Bereich seines Lebens mit dir zu teilen.

Es gibt dennoch Facetten der Religionen, die die Öffentlichkeit betreffen und zum Politikum werden, etwa der Religionsunterricht in Schulen oder die Frage, ob an einem bestimmten Ort eine Moschee, ein Tempel oder eine Synagoge gebaut werden sollte. Der deutsche Staat führt von seinen Bürgern mit Bekenntnis die Kirchensteuer direkt an die Kirchen ab – was diese tun und treiben, ist allein schon deswegen ein Politikum. Kritisch wird es dort, wo das Recht auf Glaubensfreiheit mit anderen Grundrechten in Konflikt zu geraten droht, etwa mit dem Recht auf freie Entfaltung der Persönlichkeit oder mit der Unantastbarkeit der eigenen Würde, wenn etwa der Umgang mit LGBTI (Lesben, Schwule, Bisexuelle, Transmenschen und intersexuelle Personen) betroffen ist oder es um die Frage geht, ob ein Kind am Schwimmunterricht teilnehmen muss oder nicht.

In Fragen der Sexualität mischen die Religionen oft und gerne mit. Das geht los bei der Frage, wer wann mit wem überhaupt Sex haben darf. Es mag bei deutschen Katholiken selten geworden sein, aber ursprünglich war die in den USA heute wieder sehr weit verbreitete Glaubenssache »True Love Waits«, also das Warten mit Sex bis nach der Hochzeit, lange auch in Europa verbreitet. Kürzlich noch hat Papst Franziskus in seinem nachsynodalen Schreiben *Amoris laetitia* (*Freude der Liebe*) den Wert der Keuschheit vor der Ehe bekräftigt.

Wer glaubt, dass Protestanten in Fragen des Sex seit jeher fortschrittlicher waren als Katholiken, wird im Film *Das weiße Band* von Michael Haneke eines Besseren belehrt. Auch wenn die Geschichte fiktiv ist, gibt er einen Eindruck davon, wie grausam noch vor hundert Jahren auch der Protestantismus in Deutschland war. Dass man die aufkeimende Sexualität bei Kindern unterdrückte, ist nur ein Aspekt: Man glaubte auch, Masturbation löse schwere Krankheiten aus und führe in schlimmen Fällen gar zum Tod. Der Pfarrer des Dorfes Eichwald, in dem die Geschichte spielt, begründet sein grausames Verhalten gegenüber seinem heranreifenden Sohn damit, dass Gottes Gebot heilige Schranken errichtet habe. Er bindet den Jungen nachts ans Bett, damit der sich nicht selbst befriedigen kann. Als schauriges Beispiel nennt er einen Jungen aus einem Nachbardorf, dem die Selbstbefriedigung »alle Nerven seines Körpers zerrüttet« hätte und der daran schließlich zugrunde gegangen sei.

Demgegenüber ist Sex bei orthodoxen Juden deutlich positiv konnotiert. Der Mann soll Israel viele Kinder bescheren; es ist aber wichtig, dass seine Samen in die Vulva der Frau gelangen – Kondome und Pille sind verboten. Eine orthodox jüdische Frau soll außerdem *nur* mit ihrem Ehemann Umgang pflegen, das Leben ist also entsprechend vorgeschrieben: Töchter leben keusch bedeckt, bis sie Anfang 20 heiraten. Außerehelicher Sex ist tabu. Darin sind sich die besonders strengen Auslegungen bei allen drei abrahamitischen Religionen offenbar einig (zum Islam s. S. 53–63).

Doch wo ein strenger Glaube, da auch liberale Lebensweisen zu Hauf! Der Glaube steht nie still, er verändert sich, er wird von den Menschen durch ihre alltägliche Praxis weiterentwickelt, er passt sich neuen Realitäten an. In der katholischen Kirche wird rege diskutiert, wie mit dem »Problem« der Homosexualität umgegangen werden sollte. Schwule Priester werden noch ausgeschlossen, aber der Papst hat sich 2016 immerhin für das Leid entschuldigt, das seine Kirche Homosexuellen all die Jahrhunderte lang angetan hat. Man darf auf den nächsten Schritt gespannt sein. Religion ist also nicht starr und eindeutig, sie ist im Fluss, und deshalb ist es auch erlaubt und geboten, sich einzumischen und unangenehme Debatten zu führen.

Nur: Viele missverstehen die grundlegenden Regeln von Diskurs. Dass hierbei Respekt eine wichtige Rolle spielt, dass man sich informieren muss, bevor man einsteigt, dass man überhaupt *mit*einander redet, anstatt nur *über*einander – all das sind leider Punkte, die allzu oft unter den Tisch fallen.

Zuletzt stand vor allem der Islam im Mittelpunkt der Debatte, vorangetrieben durch die stark islamophoben Äußerungen führender AfD-Politiker, aber auch getragen von einer Angst vor »Überfremdung«, wie sie immer mehr Menschen in Deutschland kundtun. Deswegen möchte ich in diesem Kapitel den Fokus auf den Sex und die Erotik im Islam setzen – wenngleich die anderen Religionen sicher auch interessante Facetten zur Frage nach dem Zusammenspiel der »drei heißen Eisen« beizutragen hätten.

Zwischen Tradition und Aufklärung:
Einige Aspekte zur Sexualität im Islam

Der Islam ist sexfeindlich, Frauen werden unterdrückt, Homo-
sexuelle verdammt – so weit das Klischee. Was aber steckt da-
hinter? Wie leben Muslime hier und anderswo ihren Glauben,
auch und gerade im Bett?

Mimoun Azizi, in Hagen geboren und aufgewachsen, ist
Psychiater, Neurologe und Psychotherapeut mit marokka-
nischen Wurzeln. »Die Entwicklung ist nicht gut«, sagt er mit
Blick auf die politischen Veränderungen der letzten Jahre.
Aber: »Der Islam ist nicht so sexfeindlich wie die katholische
Kirche zum Beispiel.« Die Religion sei nicht das Problem,
sondern das, was durch eine bestimmte Tradition und politische Ideologien daraus gemacht wurde: dass Sex etwas An-
rüchiges hat, ein Tabu ist und dass man darüber nicht reden
darf. Seiner Erfahrung nach ist es in muslimischen Familien
enorm schwer, über Sex zu sprechen. »Und da rede ich nicht
nur von Homosexualität – die ist ja hochproblematisch. Sondern es geht um die Sexualität an sich: auf die Wünsche des
anderen einzugehen und darüber zu sprechen: Das gibt es in
der islamischen Community so nicht.« Wegen sexueller Probleme zu einem Therapeuten zu gehen, wie es für viele westliche Menschen üblich ist, sei unvorstellbar. Verantwortlich
dafür macht Azizi vor allem die Sozialisation in den Familien,
auch in denen, die schon seit Jahrzehnten in Deutschland leben. Es herrscht die Angst, dass modernere Vorstellungen
von Sexualität und Moral die Familie zerstören könnten. »Zu
uns kommen diejenigen, die entweder ein ganz anderes Leben führen und die sich von muslimischen Strukturen entfernt haben, oder diejenigen, die wegen ganz anderer drama-

tischer Probleme kommen und dann indirekt sexuelle Probleme kundtun.«

Die Probleme der muslimischen Patienten unterscheiden sich zum Teil gar nicht so sehr von denen der Patienten anderer Kulturkreise: So die Männer mit erektiler Dysfunktion und der damit verbundenen oder gar zum Teil ursächlichen Scham und der Angst um die Zukunft ihrer Ehe; bei den Frauen sexuell unerfüllte Wünsche; aber da gibt es leider auch viele Fälle von häuslicher Gewalt und Vergewaltigung; viele Patientinnen Azizis fühlen sich in der Ehe gefangen.

Natürlich ist es für die meisten Patienten schwer, direkt über ihre Probleme zu sprechen oder gar von Fantasien, die man in seiner Partnerschaft nicht ausleben könne, zu erzählen – auch hier unterscheiden sich die muslimischen Patienten nicht von anderen. Die Kunst des Therapeuten besteht darin, in geduldigen Gesprächen langsam zur Ursache des Leids vorzustoßen, Sensibilität ist oberste Prämisse. Für muslimische Frauen ist es unvorstellbar, ihrem Mann gegenüber zuzugeben, dass sie mit ihrem Therapeuten über Sex sprechen. Weil eine Lösung ehelicher und sexueller Probleme aber nicht ohne die Mitarbeit beider Partner möglich ist und es demnach ein gemeinsames Gespräch der Partner mit dem Therapeuten geben sollte, ist der »therapeutische Stopp« somit vorprogrammiert. »Die Schrift an sich, der Koran und das Leben des Propheten, die Hadithe sind Grundlage für den Islam«, erklärt Azizi; der Prophet sei liebevoll mit seinen Frauen umgegangen und er habe offen mit ihnen über Sex gesprochen. »Der Prophet fordert die Männer zum sexuellen Vorspiel auf – mit dem Hinweis, dass dies ihr eigenes Vergnügen vergrößere«, sagt auch die ägyptische Sexologin Heba Kotb. So gesehen sollte es für Muslime eigentlich eine Selbstverständlichkeit sein, sexuell offen zu sein (mit Einschränkungen: kein Sex mit Tieren und kein Analverkehr). Kotb hat eine Praxis in Kairo und sogar eine eigene Fernsehsendung, in der sie Aufklärung betreibt. »Die jungen Leute sehen Sex im Fernsehen, auf Porno-Seiten im Internet und hören in Schule und Gesellschaft, dass Sex schlecht ist«, sagt sie. Auf diese Weise entsteht eine schwierige kognitive Dissonanz – das Problem ist aber eben in erster Linie Unwissenheit und nicht der Islam.

> »Jeder Mensch hat das uneingeschränkte Recht, selbst über seinen Körper, seine Bekleidung und über seine Sexualität zu entscheiden. Bekleidungszwänge, Zwangsheiraten und religiöse Eheverbote sowie eine Verdammung von selbstbestimmter freier Sexualität lehnen wir ab.«
>
> [aus: *Freiburger Deklaration* (Gemeinsame Erklärung der Reformmuslime in Deutschland, Österreich und der Schweiz)]

Die Ausprägungen der Sexualmoral des Islams sind sehr verschieden. Da sind zum Beispiel die arrangierten Ehen und die strenge Kontrolle der Jungfräulichkeit der Frau bei der Eheschließung. Auch wenn das in vielen muslimischen Haushalten längst passé ist, kommen noch immer viele junge Muslimas mit dem »Problem« zu Mimoun Azizi, nicht mehr Jungfrau zu sein und Angst zu haben, nun nicht heiraten zu können. Doch stimmt das? »Nein«, sagt Azizi. Das viel verbreitete Klischee des Islams, dass Frauen vor der Ehe auf keinen Fall Sex haben dürfen, sei völlig falsch. »Die erste Frau des Propheten war ja schon einmal verheiratet. Es ist im Islam auch nicht verboten, vor der Ehe schon einmal verlobt gewesen zu sein, eine Verlobung aufzulösen und dann eine Ehe mit jemand anderem einzugehen. Also ist Sex vor der Ehe auch nicht verboten. Das ist vielmehr einer rückständigen Entwicklung anzulasten, einem Ideal, das sagt, eine Frau solle unberührt sein und sich für ihren Mann ›rein‹ halten. Die Ehrenmorde, die aus solchen Beweggründen stattfinden, haben mit Tradition und den Ansichten der Familien selbst zu tun. Diese Menschen sind teilweise einfach nicht aufgeklärt.« Aber wie kann man im Islam eine Aufklärung vorantreiben, ohne die Menschen zu verletzen und sie zu entwürdigen? Azizi weiß, dass der Diskurs über dieses Thema sehr sensibel geführt werden muss. Die Angst, ungewollt den rassistisch motivierten Anti-Islam-Parolen rechtsnationaler Kampagnen in die Hände zu spielen, verkompliziert die Sache leider noch weiter.

Diese Islamophoben suchen sich ihre Belege derweil anderswo: In Afghanistan wurde 2015 eine Frau gesteinigt, die Ehebruch begangen haben soll, und 2009 konnte in dem Land gerade so ein Gesetz verhindert werden, das Ehefrauen zum Sex mit ihrem Ehemann verpflichtet. Dabei darf nicht vergessen werden: Ähnlich wie im Iran sind in Afghanistan Hardliner an der Macht, die einen Islam vertreten, vor dem weltweit Menschen flüchten. »Der Islam« ver- oder gebietet zunächst einmal ziemlich wenig, räumt dem Einzelnen also eine beträchtliche Freiheit ein. Die Rechtsauslegung und die Beurteilung und Geltung der Scharia unterscheiden sich stark von Land zu Land, so dass man keine Pauschalaussagen machen kann. Aber gilt das nicht auch für westliche Länder? Im österreichischen Eherecht gilt es noch immer als Eheverfehlung, wenn einer der beiden Ehepartner den Sex beharrlich und für den anderen unerklärlich verweigert.

Im 20. Jahrhundert wurde die **Scharia** in vielen Staaten, in denen der Islam die größte Glaubensgruppe stellt, abgeschafft – sie spielt heute also weder im Rechtssystem der Türkei noch in dem Tunesiens oder Marokkos noch eine Rolle. In anderen wiederum gilt sie, etwa im Iran oder in Saudi-Arabien. Ihre Bestimmungen basieren auf drei Quellen: dem Koran, der Überlieferung sowie deren normativer Auslegung durch frühislamische Juristen und Theologen. Da hier nicht immer Einigkeit herrscht, haben sich vier sunnitische und eine schiitische »Rechtsschule« gegründet.

Laut Scharia hat Sex nur in der Ehe einen Platz, Polygamie ist teilweise erlaubt, aber umstritten und an viele Bedingungen geknüpft. Wer den gesetzlichen Regelungen der Überlieferung nicht Folge leistet, begeht sowohl eine Sünde als auch eine Straftat.

Genauso wie um die Frage der Jungfräulichkeit streiten sich islamische Gelehrte um die Frage des Umgangs mit der Homosexualität. In Frankreich gibt es einen schwulen Imam, Ludovic-Mohamed Zahed, der in einem Interview mit der *taz* sagte: »Für mich steht fest: Wäre der Prophet Mohammed – Friede sei mit ihm – heute am Leben, er würde Schwule, Lesben und Transmenschen verheiraten.« Auf die Frage, warum er das glaube – eine wohl mehr als berechtigte Frage –, kann er eloquent anführen: »In seiner Gefolgschaft waren Menschen, die man die ›Mukhannathun‹ nannte und die eine Geschlechtsidentität zwischen der von Männern und Frauen hatten. Sie sind vergleichbar mit den Hijras, dem anerkannten dritten Geschlecht im heutigen Indien. In den Hadithen, der mündlichen

Tradition des Islam, wird berichtet, dass jemand die Mukhan-nathun töten wollte. Der Prophet gewährte ihnen daraufhin Schutz in seinem Haus. Aus unserer heutigen Sicht könnte man also sagen, dass der Prophet sexuelle und geschlechtliche Minderheiten verteidigt hat.« – Aber wer weiß so etwas schon über den Islam? Viel zu wenige. Auch Kopftuch und Burka sind Streitpunkte, die so klar und so entschieden, wie alle tun, gar nicht sind.

Ludovic-Mohamed Zahed ist ein Imam in Paris, der 2012 eine Moschee eröffnete, in der Schwule, Lesben und Transmenschen willkommen sind. Sein Buch *Queer Muslim Marriage: Struggle of a gay couple's true life story towards Inclusivity & Tawheed within Islam* handelt von der Schwierigkeit, queeres Leben und Islam miteinander zu versöhnen. Zahed selbst lebt in einer gleichgeschlecht-lichen Ehe.

Ramita Navai hat in ihrem Buch *Stadt der Lügen* die Stadt Te-heran und die echten Geschichten der dort lebenden Men-schen porträtiert und zeigt die Absurdität, Alltäglichkeit und auch Härte des Systems. Der Iran hat einen recht freiheitlich orientierten Präsidenten, Hassan Rohani, doch der ist nicht mit sonderlich viel Macht ausgestattet. Der religiöse Führer des Landes, Ajatollah Sejjed Ali Chāmeneʾi, bestimmt, wen die Sittenpolizei wann festnimmt, welche Regeln und Ge-setze zu gelten haben und wie die Debatten in den Medien laufen dürfen. Kurz: Ein autoritäres Regime, aber die Men-schen haben sich auf ihre Art arrangiert, wenn sie nicht aus-wandern.

Die Geschichten Navais zeigen: Mädchen dürfen, so sieht es die iranische Gesellschaft, keinen vorehelichen Sex haben, ja nicht einmal alleine mit einem Mann in einem Raum sein oder seine Hand halten. Viele junge Menschen heiraten, oft vermittelt durch die Eltern, ohne dass Liebe oder Romantik als Basis für diese Verbindung angesehen werden. In einer der acht Geschichten findet eine Frau heraus, dass ihr Mann, neben dem sie so herlebt und der als großer Geistlicher angesehen ist, weil er angeblich schon so viele Pilgerfahrten gemacht hat, gar nicht im religiösen Eifer in der Welt unterwegs war, sondern bloß in Thailand bei ein paar Prostituierten. Sie holt sich Rat bei ihrem Mullah, und der rät zu Nachsicht, aber doch Härte im Umgang mit dieser Ungeheuerlichkeit. Was hätte er wohl geraten, wenn *sie* sich so verhalten hätte?

Wie im frühneuzeitlichen Europa, so haben auch viele Iraner heute ihre kleinen Schlupflöcher in ihrer rigiden Rechtsordnung gefunden. Heimliche Treffen ohne Schleier und mit viel Tanz, Affären und auch iranische Prostituierte sind das Ergebnis. Im Vorwort von *Stadt der Lügen* zitiert die Autorin einen Aphorismus des persischen Dichters Saadi, der im 13. Jahrhundert gelebt hat: »Besser ist die wohlgemeinte Lüge, als dass Wahrheit böse Wunden schlüge.« Im Interview mit dem Deutschlandradio erzählt Navai, dass dieses Gedicht in vielen Menschen, mit denen sie sprach, ein ganz bestimmtes Lächeln ausgelöst habe.

Die Journalistin und Autorin Shereen El Feki hat in ihrem 2013 erschienenen Buch *Sex und die Zitadelle* den Versuch unternommen, die Diskrepanz zwischen der heute weitverbreiteten Tradition von Sexualität im Islam und der Geschichte auf Basis der tatsächlichen Quellenlage zu untersuchen. Ihr Vater war Ägypter, deswegen recherchierte sie vor allem in diesem

Land am Nil – und zwar nach 2011, also nach dem »Arabischen Frühling«. Sie zeigt, dass diese Revolution keine sexuelle war, dass die meisten Menschen in der arabischen Welt, so stellt sie immer wieder in Gesprächen mit Leuten vor Ort fest, nach wie vor ein »kollektives Unbehagen gegenüber Sexualität« hegen. Das war nicht immer so. Die Rollen von westlicher und arabischer Welt scheinen heute gegenüber früher geradezu vertauscht: der französische Schriftsteller Gustave Flaubert (1821–1880) war nur einer von vielen, die im 19. Jahrhundert eigens nach Ägypten reisten, um die sexuellen Freuden des Orients genießen zu können. Die Freiheit und Offenheit, mit der die Sexualität seinerzeit in diesem islamischen Land gelebt wurde, berauschten ihn geradezu. El Feki protokolliert entlang seiner Selbstzeugnisse, wie er sich sozusagen »den Nil aufwärts fickte«. Einem Freund habe er davon geschrieben, wie er homosexuellen Neigungen nachgegangen sei, die seine christlichen Zeitgenossen unter Sodomie fassten: »Man steht hier zu seiner Sodomie, und bei Tisch im Hotel spricht man darüber. Man leugnet es ein bisschen, und dann wird man von allen geneckt, bis man schließlich gesteht.« El Feki dokumentiert einen erstaunlichen Platztausch: Das sittenstrenge Europa, der freizügige Orient. Von Europa aus blickte man verabscheuend auf die Sexualmoral des muslimischen Ostens. Im »Orientalismus« vermischten sich so einerseits Abscheu und andererseits eine Sehnsucht – stereotyp stand geradezu der Islam für eine Sexualität, die so im christlichen Raum als verboten, Sünde und verwerflich galt.

Was ist seitdem passiert? El Feki versucht sich an einer Erklärung, indem sie die Folgen der britischen Herrschaft in Ägypten (1882 bis 1922) betrachtet: Die abfällige Bewertung der Sexualität in der arabischen Welt durch westeuropäische

Besatzer hat ihre Spuren hinterlassen. Das Identitätsgefühl oder Selbstbewusstsein nahm Schaden, christliches Gedankengut hielt Einzug, die Besatzer versuchten den Einheimischen ihre eigene Sittenstrenge – und auch ihre extrem eingeschränkte Sexualität – aufzuzwingen. Man könnte also sagen: Die Sexualmoral der heutigen islamischen Tradition ist ein christlich-europäisches »Importprodukt«. Eines, das auch hierzulande noch sehr lange, bis in die Mitte des 20. Jahrhunderts, dominierte. Die westliche Gesellschaft war in sexuellen Dingen so konservativ, wie es die islamisch geprägte heute ist, schreibt El Feki und zählt die verblüffenden Parallelen auf: »Vorehelicher Sex, Masturbation, Homosexualität, uneheliche Kinder und Abtreibung sind in der heutigen arabischen Welt tabuisiert« (vgl. das Kapitel »Sexualität in der Frühen Neuzeit«).

> »Der schamloseste Sex ist auch der köstlichste.«
>
> [aus: *Die Reden der Kultivierten und die Gespräche der Dichter* (Sammlung des Imams Ar-Ragib al-Isfahani, gest. 1108)]

Weil diese Tabus in der arabischen Welt durch die Politik, Wirtschaft, Kultur und Medien mitgetragen werden, ist eine enorme Kraftanstrengung nötig, sie zu überwinden. Ist eine sexuelle Revolution wie die in Europa Ende der 1960er Jahre demnach überhaupt möglich?

Es gibt islamische Gelehrte, die für ein emanzipiertes und gleichberechtigtes Leben der Frau kämpfen. Einer von ihnen, Sheikh Mohammad Akram Nadwi, erklärt im Gespräch mit der Journalistin Carla Power: »God has given girls qualities and potential. If they aren't allowed to develop them, if they aren't provided with opportunities to study and learn, it's basically a live burial.«* Und das könne in niemandes Sinne sein. Es wür-

»Gott hat Mädchen mit Potential und guten Eigenschaften ausgestattet. Wenn man ihnen nicht erlaubt, sie zu entwickeln und ihnen nicht ermöglicht zu studieren und zu lernen, ist das praktisch eine Beerdigung bei lebendigem Leibe.«

den aber viele Menschen auf ziemlich schreckliche Ideen kommen und dann nach Stellen im Koran suchen, die ihr Tun irgendwie rechtfertigen. Wenn wir also eines lernen, dann dass es vor allem Unwissenheit und niedere Motive wie der Wunsch, andere zu unterdrücken, oder Hass sind, die sowohl fanatische Moslems, als auch fanatische Nationalisten in Europa antreiben.

Der Sheikh hingegen ist ein Beispiel dafür, wie es laufen sollte. Er gab ein Seminar zum Thema Kinderhochzeit im Islam. Eine Schülerin, Arzu, fragte ihn, wie das islamische Recht etwas fordern könne, das doch so viel Leid erzeuge. Wochenlang haben der Sheikh und zwei Mädchen des Kurses, eine davon Arzu, diese Frage diskutiert, er war lange der Meinung, dass Kinderehen zwar erlaubt seien, aber kein Mädchen Sex haben sollte, bevor es menstruiere. Nach einer Weile änderte er aber seine Meinung und stellte klar: »Ich habe meine Position geändert.« Die US-amerikanische Journalistin schreibt: »He had gone back to the sources, and had found an eighth-century judge and jurist, Ibn Shubruma, with a sound fatwa against the practice of child marriage. Ibn Shubruma argued that the issue hinged on autonomy. When girls reach puberty, they can choose whom to marry. By being married in childhood, this choice was taken away from them.«*

Der Sheikh sieht kein Problem darin, zuzugeben, dass er von diesen Mädchen etwas gelernt habe. So, meine Damen und Herren, funktionieren Diskurs, Veränderung und Eman-

*

> »Er war zu den Quellen zurückgegangen und hatte einen Richter und Juristen aus dem achten Jahrhundert mit einer stichhaltigen Fatwa gegen Kinderehen gefunden: Ibn Shubruma argumentierte, dass dieses Problem mit der Autonomie zusammenhing. Wenn Mädchen die Pubertät erreichten, könnten sie wählen, wen sie heiraten. Wenn sie als Kinder verheiratet würden, nähme man ihnen diese Wahl.«

zipation! Ja: Zu viele Männer, die ihren Töchtern und Frauen solche Dinge wie Kinderehen zumuten, verstecken sich hinter dem Koran, und kaum einer von ihnen würde wochenlang diskutieren und dann einlenken, wie der Sheikh es tat. Noch. Aber je mehr echtes Wissen und Fakten die diffusen Ängste ersetzen, umso weniger können sich diese Kerle zurechtlegen, was ihnen so gut in den Kram passt – zum Beispiel, dass es Allah gefalle, wenn ein reicher, verheirateter Saudi sich auf einer Geschäftsreise in Bangladesh mit jungen Mädchen »verheiratet«, um Sex zu haben. Das ist vielleicht offensichtlicher Blödsinn, aber eine Ehe von wenigen Stunden oder Tagen ist in manchen Gegenden gesetzlich und religiös tatsächlich erlaubt. Solange das niemand hinterfragt und versucht, das Gegenteil zu beweisen, sind solche Dinge möglich. Wir Europäer sollten angesichts solcher Debatten erstens nicht so tun, als hätten wir die Aufklärung damals mit links und ohne dramatische Verluste an klugen Menschen aus dem Ärmel geschüttelt, und zweitens sollten wir zugeben, dass es bei uns mit PEgIdA, Front National, AfD, FPÖ und wie sie alle heißen auch viele Quacksalber gibt. Bemerkenswert ist auch, dass es oft dieselben Leute sind, die sich gegen »zu viel Feminismus« und »Genderismus« oder Kampagnen gegen sexuelle Gewalt stellen.

Verdammte Kultur, geliebte Kultur!

Man kann überspitzt sagen: In Sachen Sex ist alles immer da gewesen, nur wurde es zu manchen Zeiten und in manchen Kulturen offener ausgelebt, in anderen verschämt oder heimlich. Wie offen oder aber distanziert ein Einzelner zu dem Thema steht, hängt von vielen Faktoren ab, wie dem Alter, dem Wohnort, dem Bildungsgrad, der Religion, von den Eltern, von unterdrückten Kindheitserfahrungen, der Peergroup in der Jugend, dem Musikgeschmack und damit dem Umfeld, in dem man sich bewegt – diese Liste könnte man endlos weiterführen. Wir sind alle komplett verschieden in unseren Bedürfnissen und in unseren Vorstellungen davon, was Sexualität ist. Durch unser Umfeld und die Erziehung haben wir ganz genau eingebläut bekommen, was erlaubt und was verboten ist. Unsere Sozialisation, also dieser Prozess, in dem kleine ungestüme Menschen von einer Gesellschaft so weit zurechtgestutzt werden, bis sie nicht mehr so unangenehm auffallen, scheint wesentlich dafür verantwortlich zu sein, wie wir mit Sex umgehen.

Aber was ist eigentlich Kultur? Sie ist, vereinfacht gesagt, das, was den Menschen vom Tier unterscheidet. Sie stellt sich auf vielfältige Weisen dar: zum Beispiel in Form von Traditionen, Institutionen, Räumen, Symbolen und Zeichen, Handlungen und Sprache. Dabei ist sie stets von Menschen geschaffen, gestaltet, verändert und weitergegeben. Sie umgibt uns wie der Rahmen das Bild. Das Bild kann eine Gesellschaft sein, ihre Geschichte oder wir, die Menschen, die Individuen.

Vielen gilt die Natur daher als Gegensatz zur Kultur; sie ist das unbeeinflusste und unveränderte Pendant, sie existiert aus sich heraus, war schon vorher da, sie ist gleichermaßen frei wie auch wild. Bäume, Tiere, Fressen und Gefressenwerden, physikalische Gesetze und natürlich der Kreislauf des Lebens und die Fortpflanzung. Das ist, salopp gesagt, die Natur. Wir können in gewissem Maß auf sie Einfluss nehmen, aber theoretisch ist es nicht nötig. Sie existiert und funktioniert einfach, nach ganz eigenen Regeln und Gesetzen, die Gegenstand der Wissenschaften sind, etwa der Biologie, der Physik und der Chemie.

Eine dieser Regeln: Alles Verhalten aller Lebewesen dreht sich vor allem um drei Bedürfnisse: Fressen, Schlafen, ohne gefressen zu werden, und Sich-Fortpflanzen. Eigentlich deprimierend: letztendlich ist auch der Mensch diesen Gesetzen unterworfen, auch auf uns trifft zu, dass wir vieles vor allem deswegen tun, weil wir einen Stoffwechsel haben und eben essen müssen, um Energie zu haben und leben zu können, und schlafen müssen, um uns zu erholen. Die Fortpflanzung an sich ist vielen von uns nicht mehr so wichtig, sehr wohl aber der Akt, der dazu führt. Einen Fortpflanzungstrieb haben wir also durchaus, und wenn nur in Gestalt einer Suche nach Sexualpartnern. Und mal im Ernst: Wir veranstalten ganz schön viel Brimborium, um Sex zu bekommen.

Dass unser Leben auf so profanen Grundbedürfnissen basiert, hat die Menschen immer schon deprimiert, so könnte man vereinfacht sagen. Deswegen wollen sie sich gegenüber der Natur abgrenzen, indem sie Künstliches erschaffen: der Mensch betoniert alles zu und sich ein, in Form einer Wohnung; er hat Insektizide und Herbizide erfunden, um die lästigen Auswüchse der Natur einzudämmen, und er will nicht mit dem Schwein in einen Topf geworfen werden, er bereitet es lieber in seinem Sterne-Restaurant zu und will sich über das Tier erhaben fühlen. Auch vor dem Sex hat der Mensch nicht haltgemacht. Er hat aus dem Grundbedürfnis sozusagen eine Kunst gemacht, eine Wissenschaft gar, er hat sie auch religiös überformt, wenn er Gelegenheit dazu hatte.

Essen und Sex

Beide Basisbedürfnisse sind komplett kommerzialisiert. Es gibt Läden, in denen bekommt man nur Küchenutensilien – aber die vom Feinsten: Keramik-Messer, Induktionskochtöpfe, Eieruhren aus Edelstahl, Pfannen mit und ohne Beschichtung, elektrische Gewürzmühlen, selbstreinigende Knoblauchpres-

Im Sozialleben der **Bonobos** (oder Zwergschimpansen) hat Sex eine zentrale Funktion. Die beim Sex ausgeschütteten Hormone helfen, Aggressionen zu kontrollieren, Bonobos haben Sex, um sich nach einem Streit wieder zu vertragen, manchmal bedanken sie sich mit Sex für Nahrung. Täglich wird der Akt vollzogen, mit vielen verschiedenen Partnern. Petting, Zungenküsse und Oralverkehr gehören auch dazu, und natürlich schämen sie sich gar nicht, sondern genießen einfach ihr lustvolles und friedliches Leben.

sen (okay – das war Wunschdenken!), Unikat-Teller, Sparschäler und Teigschaber für beinahe 20 Euro (!), um nur einen Bruchteil der Dinge zu nennen, die der westliche Mittelklasse-Mensch entworfen hat, um sein Essen (oder dessen Zubereitung) zu einem Erlebnis zu machen. Um fast nichts macht der Mensch so ein Aufhebens wie um das Essen (außer um Sex vielleicht). Um die Ecke gibt es einen Laden, der heißt »Küchenliebe«, und das ist sicher kein Zufall: Mit zubereitetem Essen kann der Mensch seinen Mitmenschen Wertschätzung, Respekt und eben Liebe zeigen.

Und doch: Es gibt einen eklatanten Unterschied zwischen Sex und Essen, denn wir sind ja hier nicht bei den Bonobos! Wenn man auch nicht gerne beim Essen fotografiert wird: wohl niemand hat ein Problem damit, in der Öffentlichkeit oder vor Zeugen zu essen. Essen ist ein Bestandteil so gut wie jeder Feier, denn man zeigt damit so vieles, auch Zugehörigkeit und Zusammenhalt. Es ist ein Genuss, den man gerne teilt – auch auf Instagram, dem Fotoalbum des Social-Media-Menschen. Bei Sex hingegen ist allen klar: Er gehört hinter verschlossene Türen! Wir reden nicht mit jedem darüber. Wir setzen gewissermaßen Masken auf, die im Alltag allein schon den Fakt, dass wir Sex haben, verbergen sollen. Wir möchten oft nicht, dass andere bloß *denken*, dass wir so etwas tun. Den Sex der anderen sollen und wollen wir nicht sehen. Sex in der Öffentlichkeit kann strafbar sein. Auch wenn Essensorgien in der Gesellschaft akzeptiert sind – beim Sex ist das ja wohl etwas ganz anderes! Fotos von Paaren, die Sex haben, werden auf Instagram gelöscht, ja schon die Nippel einer Frau werden gelöscht – das wollen die Menschen nicht sehen, wir müssen sie davor schützen!

Ja – Nacktheit ist in unserer Gesellschaft sehr sexualisiert. Aber muss das so sein? Allein die Tatsache, dass wir Nacktheit mit Sex in Verbindung bringen, zeigt, wie weit wir es mit der Kultur getrieben haben. Die Himba, ein mit den Herero verwandter Volksstamm aus Namibia, halten es nicht für nötig, die Brüste ihrer Frauen zu verstecken. Sie tragen Lendenschutz und sehr viel Schmuck, aber die Brüste dürfen einfach so bleiben, wie sie sind. Warum die Frauen unter mehr Bedeckung zwingen als bei der Hitze nötig? Glotzen die Himba-Männer die Himba-Frauen deswegen den ganzen Tag an? – Mit Sicherheit nicht! Warum auch, eine Brust zu sehen ist dort genauso normal wie eine Hand.

Ein weiteres Beispiel für eine andere Bekleidungskultur ist die FKK, die Freikörperkultur, die zum Beispiel in Skandinavien und auch in der DDR weite Verbreitung fand. Bis heute gibt es an der Ostsee FKK-Strände, an denen sich Leute wie Sie und ich nackig machen. Das scheint manchem bisweilen »unsexy«, weil die Körper vielfach nicht dem Bild entsprechen, das uns Werbung und Medien als »Sexyness« vermitteln: schrumpelige Haut, hängende Haut, unreine Haut, Fettpölsterchen und kleine Penisse. Aber genau das ist auch das Schöne: Man sieht Menschen wieder als natürliche Wesen, als unretouchierte Körper! Das wiederum nimmt viel Druck von den eigenen Schultern. FKK oder Nacktsauna sind daher ein guter Weg, um zu begreifen, wie wenig sexualisiert ein nackter Körper sein kann – und ja: wie lange er auch so war! Am FKK-Strand holt keiner wegen der Nackten die Polizei – und wegen eines nackten Kindes hierzulande auch nicht. Oder? – Grundsätzlich geht man in Deutschland zumindest rechtlich einigermaßen entspannt mit nackten Kindern um. Dennoch endet die Ära, in der Kinder nicht-sexuelle Wesen waren, die im Sommer nackt planschten und tobten, allmählich. Die Autorin Annabel Wahba erzählt im ZEIT-Magazin von den Kindern einer Freundin: altersmäßig liegen nur acht Jahre zwischen ihnen, aber was den Umgang mit Nacktheit betrifft, ganze Welten. Eine Kitafahrt des älteren Kindes wurde 2001 auf Video festgehalten, und es zeigt, welchen Spaß die Kinder hatten – allesamt nackt. Heute gibt es solche Videos nicht mehr. Zwar verklagen in Deutschland selten Leute ihre Nachbarn, weil diese ihr Kleinkind nackt im Garten spielen lassen, aber zumindest unter Erzieherinnen und Erziehern, aber auch unter Eltern kursieren neue Ängste.

Auch das ist wieder ein kultureller Rahmen. Der Mensch hat etwas geschaffen, das aus einem nackten Kind – all die Jahre kein Problem – ein potenzielles Opfer macht. Also wird es nun verhüllt. Die Gründe sind nobel: Man will es schützen, man sorgt sich um seine sexuelle Unversehrtheit, hat Angst vor einer Art »bösem« Blick auf das Kind. Die »Unschuld« ist dahin. Ähnlich könnte es den Frauen bei den Himba auch gehen, wenn bloß ein oder zwei Menschen anfingen, mit ihren Brüsten respektlose und nicht-konsensuale Dinge zu tun. Dann könnte jemand auf die Idee kommen, die Frau und ihre Brüste davor schützen zu müssen, diese also zu verhüllen. Vielleicht haben die Himba einfach Glück, in einer Welt ohne sexuelle Übergriffe und Kinderschänder zu leben.

Unsere Kultur ist also etwas Künstliches, und die Normen und Regeln gehören zu ihr. Ohne jetzt aufgrund dieser simplen Feststellung alles abschaffen zu wollen, möchte ich vorschlagen, die vorangegangenen Betrachtungen als Anregung zu begreifen: Der Mensch macht Kultur, und sie verändert sich immer wieder. Diese Erkenntnis ist die Basis aller Emanzipation.

Die Deutschen und ——
——————der Sex

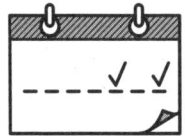

2 Mal pro Woche haben wir im Durchschnitt Sex.
Oder haben manche schon seit 10 Jahren keinen
Sex, andere lieben sich mehrmals täglich?

Durex; 2006; 22 040 Befragte

**In ihrer gesamten Lebensspanne
haben Männer durchschnittlich 7
und Frauen 4 Sexualpartner.**

Während die einen
nur einen hatten,
hatten die nächsten
Hunderte. Wieder
andere lügen bei
der Frage.

*Durex,
13 000 Befragte*

**36 Prozent hatten schon einmal
einen One-Night-Stand, 32 Prozent
haben schon einmal Gleitgel benutzt.**

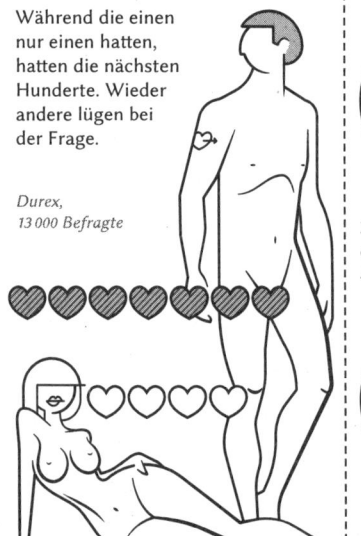

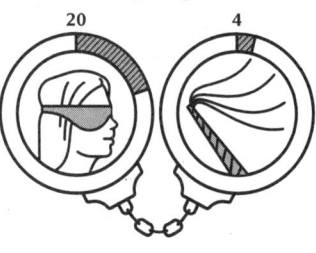

**20 Prozent hatten schon einmal
eine Augenbinde oder Fesseln,
4 Prozent SM-Spiele gemacht.**

Durex 2010; 15 768 Befragte

57 Prozent der Männer und 28 Prozent der Frauen wünschen sich Sex mit Mehreren.

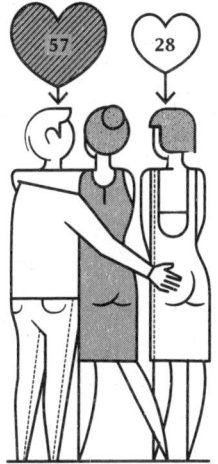

80 Prozent der Männer kommen jedes Mal beim Sex zum Orgasmus. Aber nur 33 Prozent der Frauen.

Manchen ist offenbar immer noch nicht klar, dass die meisten Frauen mehr brauchen als einen Penis in ihrer Vagina, dass sie eine Klitoris haben und dass ihre Zervix stimuliert werden kann. Man spricht vom sogenannten »Orgasm Gap«, der vor allem dann entsteht, wenn in einer sexuellen Beziehung nicht über Wünsche gesprochen wird oder Frauen ihren Körper nicht gut kennen. Dass Sex ohne Orgasmus nicht zwangsläufig schlechter Sex ist, ist eine andere Sache. Auch interessant: Wer als Single-Frau mit Dates schläft, hat nur in 22 Prozent der Fälle einen Orgasmus, in Beziehungen kommen immerhin bis zu 43 Prozent, verheiratete Frauen allerdings nur zu 35 Prozent.

eDarling 2013.
469 befragte Singles

Harris Interactive; 08 und 09/2006; 18 502 befragte Personen, die in den letzten sechs Monaten Sex hatten

---

40 Prozent der Deutschen sagen von sich, beim Thema Sex »offen« zu sein.
Aber was bedeutet eigentlich »offen«? Ist man schon verklemmt, wenn man nicht mit anderen über sein Sexleben sprechen will? Oder weil man bei keinem Dreier mitmachen will? Was genau also sagt uns diese Zahl?

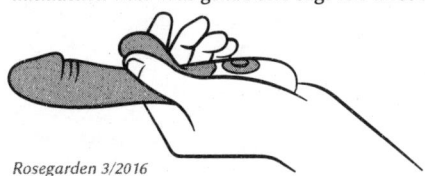

Rosegarden 3/2016

12 Prozent hatten schon einmal einen Dreier.

Durex; 13 000 Befragte

Im Durchschnitt haben wir mit 15,9 Jahren zum ersten Mal Sex.

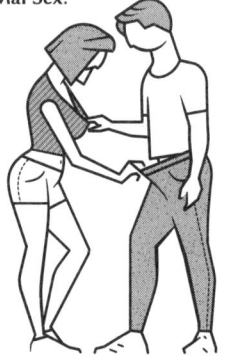

Manche machen es schon in sehr jungen Jahren, andere erst jenseits der 30, wieder andere nie. Wann ist ein Mensch sexuell mündig? Kann man dies an einer Zahl festmachen, so wie man mit 18 Jahren Auto fahren darf?

Durex; 13 000 Befragte

Männerangst: 9,5 Prozent der über 40-Jährigen und 34 Prozent der über 60-Jährigen haben eine erektile Dysfunktion.

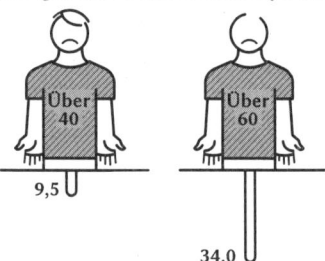

9,5

34,0

Eine Kölner Studie mit 8000 Männern zwischen 30 und 80 Jahren ergab, dass schon 30-Jährige betroffen sein können. Zwar besteht eine gute sexuelle Beziehung aus mehr als aus einem stehenden Penis, aber in den meisten Fällen liegen einer erektilen Dysfunktion konkrete psychische oder physische Ursachen zugrunde. Auch weil es in vielen Fällen Mittel und Wege der Verbesserung gibt, sollte man die Ursachen mit professioneller Hilfe abklären.

Harris Interactive; 08 und 09/2006; 18 502 befragte Personen, die in den letzten sechs Monaten Sex hatten

---

Mindestens die Hälfte aller Männer weltweit hat eine genitale HPV-Infektion.

Safer Sex kann Leben retten. Außerdem ist es unsinnig, nur Frauen gegen Humane Papillomviren zu impfen, wenn Männer sie genauso übertragen. Die HPV-Infektion ist die am häufigsten beim Sex übertragene Geschlechtskrankheit und kann bei Frauen Gebärmutterhalskrebs auslösen. Sie davor zu schützen, ist also eigentlich auch Sache der Männer.

A. R. Giuliano [u. a.]: Incidence and clearance of genital human papillomavirus infection in men (HIM): a cohort study. London 2011. 1159 befragte Männer

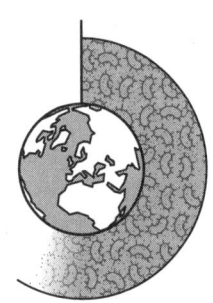

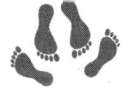

Weg mit der Fuckability!

Kultur, Kultur – ach du liebe, böse Kultur! Neben all den Facetten, die der Mensch mit seiner Kultur hervorgebracht hat, neben Sprache, Symbolen, Räumen und auch Religionen, ist da noch die Schönheit.

Es ist verdammt schwer, sich selbst schön zu finden. Zu groß, zu klein, zu haarig, zu dürr, zu dick, und diese Klamotten – geht mal gar nicht! Das haben wir gelernt: In unseren Medien sollen Menschen, ihre Körper und ihre Gesichter glatt sein und einem Idealbild entsprechen. In Film und Fernsehen, in der Frauenzeitschrift und beim Scrollen durch Instagram zementieren wir dieses Bild jeden einzelnen Tag. So gut es geht, versucht fast jeder dem zu entsprechen und fällt doch so oft aus dem Rahmen. Das gilt auch für Sex. Wir wissen meist, wie jemand aussieht, der »sexy« ist. Wir wissen auch, wie wir *eigentlich* aussehen wollen! Das ist toll für eine ganze Industrie, die sich darauf spezialisiert hat, uns Produkte zu verkaufen, die uns unserem Ideal näher bringen sollen. Power-Yoga, Fitnessstudio, Make-up, kaschierende Kleidung, Shampoo gegen alle Ausprägungsformen von Haar (zu glatt, zu zauselig, zu trocken, zu fettig). Schummel-BHs, hochhackige Schuhe. Rasiergels, Sixpacktraining und Anusbleaching. Die Werbung hat

> »Das, was man als schön bezeichnet, entsteht in der Regel aus der Praxis des täglichen Lebens.«
>
> [Tanizaki Jun'ichirō]

festgestellt, dass es eine Goldgrube ist, uns in immer neuen Varianten unsere Mängel aufzuzeigen. Kein Wunder, dass viele Menschen beim Sex lieber das Licht ausmachen!

Aber ist das ein guter Weg? Ist das fair gegenüber unserem Körper, gegenüber uns selbst und unserem Sexleben? Emily Nagoski – schon wieder! – legt nahe: Nein, wir verlieren dadurch mehr, als wir gewinnen. Viele Menschen gehen auf die Bremse, weil sie Angst davor haben, nicht schön genug zu sein. Schade!

Auch unsere Geschlechtsteile sind ein verdammt liebenswerter Teil von uns. Sie tun wahnsinnige Dinge, die Spaß machen und sich verdammt gut anfühlen. Wenn man so mittendrin ist, könnte man es eigentlich merken: Der nimmt das in den Mund! Der leckt daran, streichelt das und ist so innig bei der Sache – wie sollte der das können, wenn da unten zwischen unseren Beinen nur eine hässliche Kröte wäre? – Eben! Das Auge isst schließlich mit, also müssen wir wohl doch schön sein. Blöd nur, dass wir das immer wieder verlernen, vergessen und uns anderes einreden lassen.

Stattdessen glauben wir, dass es schwierig wäre, uns schön zu finden. »Schön«, übersetzt in die Sprache des Sex heißt das: »begehrenswert«. Wie können wir das sein? Wie können wir uns zugestehen, das zu sein? Spricht nicht alles dagegen? – »Schön ist eigentlich alles, was man mit Liebe betrachtet«, schrieb Christian Morgenstern. Liebe – das ist so ein großes Wort. Das kommt daher, dass wir es nur in wenigen Zusammenhängen gebrauchen, zu wenigen: Man liebt seine Eltern, seinen Partner, seine Kinder und den Hund. Das war's auch.

Aber viele spüren, dass das zu eng gedacht ist, wenn sie ihre Freunde »knutschen könnten«, gerne mit andern kuscheln würden und stundenlang anderen zuschauen könnten, wie sie tanzen. Das L-Wort versagen sie sich, das ist ja exklusiv! – Warum eigentlich?

Es mag seltsam wirken, hier Niklas Luhmann anzuführen, aber der hat Liebe aus einer systemtheoretischen und damit erfreulich nüchternen und weniger überfrachteten Perspektive betrachtet. Liebe ist für ihn ein »symbolisch generalisiertes Kommunikationsmedium«. Luhmann sieht den Menschen inmitten einer sehr komplexen, sich immer stärker ausdifferenzierenden Gesellschaft, die wahnsinnig anstrengend ist. Wir haben täglich, ständig und haufenweise mit vielen, zeitweise unzähligen Menschen zu tun und agieren dabei auf einem sehr hohen Kommunikationslevel. Zunehmend bemerken Menschen, dass es ihnen schwerfällt, in diesem Wirrwarr von Außenbeziehungen das eigene Ich zu finden. Dabei ist es so wichtig, sich als Mensch selbst spüren zu können, zu verorten, wer man ist und was die eigene Identität ausmacht. Es braucht dafür »eine höchstpersönliche Form der Kommunikation«, eine, in der ein Mensch in seiner Ganzheit gesehen wird. Und trifft das nicht umso stärker auf den Sex zu? Die Journalistin Theresa Bäuerlein hat im Gespräch mit mir behauptet, dass Sex immer auch eine Beziehung sei. Das stimmt, wenn man bedenkt, dass vor dem Sex – auch wenn es bei einem einmaligen Ereignis, einem One-Night-Stand bleibt – ein riesiger Berg an Kommunikation bewältigt werden muss. Allein schon die Verständigung darauf, dass man es gemeinsam tun will, ist komplex. Und dann zeigt man auch noch, was man im Schlüpfer hat! Warum tun Menschen das freiwillig? Was gibt es ihnen?

Sie tun es, weil es um so viel mehr geht als nur um Sex. Beim Sex werden Botenstoffe ausgeschüttet, die uns Zuneigung, Nähe und Bindungsgefühle empfinden lassen. Solche Botenstoffe werden auch ausgeschüttet, wenn eine Frau ihr Kind stillt, wenn wir mit der Familie kuscheln und so weiter. Es sind, salopp gesagt, »Botenstoffe der Liebe«. Sie lassen uns das alles mögen und uns wohl fühlen. Darum geht es also, wenn man Dinge mit Liebe angeht. Es geht um Kontakt, sich öffnen und »nackig« machen – nicht nur im wortwörtlichen, körperlichen Sinn, sondern auch seelisch und geistig. Es heißt, dass wir unsere gesellschaftliche Maske ablegen und authentisch wir selbst sein können. Man wird mir entgegnen, dass ich wohl nicht ernsthaft behaupten wolle, dass bei jedem One-Night-Stand Liebe im Spiel sei oder sein müsse. Das stimmt natürlich! Aber warum müssen wir einen solchen andererseits so hart daraus ausschließen?

Sapiosexuelle sind (nach dem Urban Dictionary) Menschen, die an anderen Menschen Intelligenz als das Attraktivste sehen. Eine wichtige Rolle spielt außerdem der Humor. Sapiosexuelle empfinden anregende Gespräche, zum Beispiel philosophische Diskurse, schon als eine Art Vorspiel. Äußerlichkeiten spielen für sie eine nachgeordnete Rolle.

Zurück zur Frage nach der Schönheit: »Wen auch immer ich liebe, ist der/die Schönste!« heißt es in einem Sprichwort aus Georgien. Lieben und Schönheit hängen miteinander zusammen, und mit einer gewissen Liebe zu einem Menschen wird auch im Miteinander viel gewonnen. Dabei spreche ich nun nicht von dem um sich greifenden Phänomen der »Sapiosexualität«. Es klingt zunächst sehr freundlich, einen Sexpartner nicht zuerst nach dem Aussehen zu beurteilen, sondern nach dem Intellekt. Aber spielt optische Erscheinung wirklich keine Rolle? Verena Bogner bezeichnet sich selbst als sapiosexuell, aber sie schrieb für *VICE*, dass sie »niemals einen Mann nur aufgrund seiner Intelligenz geil finden könnte, dessen Erscheinung nicht einmal annähernd [ihren] Vorlieben entspricht«, und in der taz sagt eine »Katharina S.«, sie finde einen intelligenten Mann interessant, »aber nur, wenn er nicht zu scheiße aussieht«. Nach dem Motto: Sapiosexuell: ja! – Aber dick, behindert oder allzu hässlich? Sorry, aber das geht dann doch zu weit.

Inklusiv begehren

Der Schauspieler Pablo Pineda hat das Down-Syndrom, und von ihm können wir viel lernen. »Für mich gibt es zwei Konzepte: das Konzept der Angst und das Konzept der Liebe. Und wenn wir bis jetzt mit dem Konzept der Angst gelebt haben«, sagt er, »wird es Zeit, dieses zu verlassen.« So einfach ist das! Pineda ist der erste Europäer mit Down-Syndrom, der einen Universitätsabschluss hat, denn er hatte erstens das Glück, bis zu seinem siebten Lebensjahr nichts davon zu wissen, dass er das Down-Syndrom hat und was dieses für die meisten Menschen an Stigmata bedeutet, und zweitens haben seine Eltern ihn einfach immer gefördert. Das setzt er in seinem Projekt *Roma* fort, das Lehrpläne gezielt für Kinder mit Down-Syndrom entwirft. Dass seine Einstellung gegenüber dem Konzept der Angst vor allem auf eigenen Erfahrungen beruht, ist klar. Im Film *Alphabet* kritisiert er das Schulsystem, dessen sehr einseitiges Menschenbild weit verbreitet ist: Konkurrenz, Auslese und Gehorsam stehen hier ganz oben. Für ihn repräsentiert das Schulsystem damit das Konzept der Angst.

Auslese – ich glaube, die Fixierung auf bestimmte Normen und auf Leistung im Bett ist auch ein Teil des Systems der Angst. Körperliche Schönheit, Mannhaftigkeit und so weiter: diese Vorstellungen zu verlassen bedeutet, inklusiver zu begehren. Und anderen gegenüber liebevoller zu sein, ihnen offener und diverser zu begegnen. Diese Haltung sucht nicht nach dem Haar in der Suppe (oder an den Labien) – nicht an uns, nicht an den anderen. Wir sehen mit anderen Augen, wir sind sanfter, weicher, bewusster und aufmerksamer, auch für die Verletzungen und Ängste, die ein traditionelles Konzept der Angst über die Jahrhunderte hinweg errichtet hat. Inklusives Begehren zeigt auch neue Wege zur eigenen Sexualität auf, wie die Autorin Laura Gehlhaar zeigt. Sie sitzt im Rollstuhl und schreibt in ihrem Blog über das Leben aus dieser etwas anderen Perspektive. 2016 hat sie ihr Buch-Debüt *Kann man da noch was machen?* veröffentlicht. Sie schreibt darin auch ein wenig über Sex, denn ja: den hat sie – und schon das ist für viele erstaunlich! Zum Beispiel für ihre erste Frauenärztin in Berlin. »Sind sie denn in der Lage, Geschlechtsverkehr zu haben?«, fragte die. Laura ist fassungslos: »Dachte sie etwa, dass ich ohne Mumu auf die Welt gekommen war wie ja fast jede dritte Rollstuhlfahrerin?!«

Das Thema Sex bei Behinderten ist für viele ein Tabu, und es wird medial allenfalls gestreift, wenn es um sogenannte »Sex Helper« geht, Sexarbeiter, die sich auf Behinderte spezialisiert haben, wie Nina de Vries. Im Interview mit der *Berliner*

Zeitung kritisiert sie: »In unserer Gesellschaft herrscht die Idee: Man darf Sex haben, aber nur, wenn man jung ist und den Schönheitsidealen entspricht. Was natürlich Quatsch ist.« Auslese eben. Pablo Pineda hat in seinem Film *Me too* diese Problematik aufgenommen. Teils autobiografisch erzählt der Film von einem Mann mit Down-Syndrom, der sich in seine Kollegin verliebt. Seit langem habe ich bei einem Film nicht mehr so geschmunzelt und von Herzen gelacht wie hier. Pineda ist – was habe ich auch anderes erwartet? – so herrlich witzig und charmant! Doch sein Film stimmt auch traurig, denn er zeigt: Das Down-Syndrom lässt die Betroffenen den Menschen in ihrer Umgebung wie Kinder erscheinen, man gesteht ihnen nicht zu, eigene Entscheidungen zu treffen. Es fällt den Eltern unheimlich schwer zu akzeptieren, dass ihre Kinder sich verlieben und Sex haben wollen. Die zentrale Frage des Films lautet: Kann sich eine »normale« Frau in einen behinderten Mann verlieben? Was braucht die Liebe, um zu wachsen? Was fehlt vermeintlich, fehlt es wirklich – oder was macht es scheinbar so unmöglich, inklusiv zu lieben? Unfassbar schwere Fragen, unangenehme Fragen und doch: Ich habe so viel gelacht! »Wie in *Me Too* die burschikose Blondine zumindest für einige Augenblicke dem Charmebolzen mit der falschen Chromosomenzahl verfällt, das gehört zu den zärtlichsten Momenten, die das Kino in diesem Jahr bereithält«, schreibt Christian Buß im *Spiegel*. Gut: Ich habe nicht alle Kino-Filme seit dem Jahr 2010 gesehen, aber ich kenne keinen zärtlicheren als diesen!

Um mehr über das Thema Inklusion und Sex zu erfahren, treffe ich Laura Gehlhaar zum Mittagessen. Wir sind schon länger »Freundinnen« im Netz, treffen uns aber zum ersten Mal in der realen Welt – und dann gleich, um über Sex zu reden! Ein paar Beschnupperungsminuten brauchen wir, dann stellt sich schnell die tiefe Zuneigung ein, die schon ihre Texte in mir hervorriefen. Während wir genüsslich Antipasti verschlingen, quatschen wir über Liebe, Leben, Sex und Rollstuhl. Mit Laura ist das nämlich so: Sie ist ein Mensch. Sie liebt, sie kann eine Drama-Queen sein, man kann ihr das Herz brechen, und sie kann Herzen brechen – alles an ihr ist so wie an mir und an jedem anderen. Sie hat da vielleicht diesen Rollstuhl, aber sie hat auch dieses wundervolle Lachen (sie kann sehr dreckig lachen), blitzende Augen, deftige Sprüche auf Lager und vor allem: eine glasklare Haltung. Ihre Eigenwahrnehmung ist messerscharf. »Ich muss bei Sex meistens die Sache in die Hand nehmen und erklären, wie es laufen soll«, berichtet sie, denn mit ihr im Bett wird so mancher Mann unsicher und schüchtern. Sie lernte daher, anderen zu zeigen, »wie es geht«. Sie gibt den Ton an, steht im Mittelpunkt, lehrt, und der andere lernt. Muss erst mal lernen. So tough und klar wie sie muss man im Bett erst mal sein! »Ich war von Anfang an darauf angewiesen, meinen Körper genau zu kennen. In Sachen Sex ist das ein Vorteil!«

Kann ich mir gut vorstellen. Wer kennt schon seinen Körper richtig gut? – Ich selbst habe erst jenseits der 30 damit angefangen, durch Yoga Muskeln, Körperstellen und eine völlig neue Flexibilität und Beweglichkeit zu finden, die mir in den ersten Lebensjahrzehnten einfach entgangen waren! Ich habe gesehen, wie viel ich – als »able bodied« das Ideal, die Norm und die Richtschnur – von Laura über Körper und Begehren lernen kann, wie bereichernd es ist, das Brett vorm Kopf wegzunehmen und inklusiver zu denken.

Sapiosexualität ist nur der erste, unbeholfene und noch sehr stark in Traditionen verhaftete Schritt in diese Richtung. Aber:

> »Gleichwürdig bedeutet nach meinem Verständnis sowohl ›von gleichem Wert‹ (als Mensch) als auch mit demselben Respekt gegenüber der persönlichen Würde und Integrität des Partners. In einer gleichwürdigen Beziehung werden Wünsche, Anschauungen und Bedürfnisse beider Partner gleich ernst genommen und nicht mit dem Hinweis auf Geschlecht, Alter oder Behinderung abgetan oder ignoriert. Gleichwürdigkeit wird damit dem fundamentalen Bedürfnis aller Menschen gerecht, gesehen, gehört und als Individuum ernst genommen zu werden.«
>
> [Jesper Juul]

Sie kategorisiert Menschen weiterhin. Das Konzept der Liebe hingegen operiert entlang der Idee von Gleichwürdigkeit und Selbstgefühl, wie es der dänische Familientherapeut Jesper Juul nennt.

Mir ist egal, ob so eine Herangehensweise an mögliche Partner nun als sapiosexuell oder auch pansexuell bezeichnet wird. Es kommt darauf an, die eigene Vorstellung ein Stück weit zu hinterfragen. Bin ich schön? – Jau. Ist meine Muschi schön? – Jau. Und in Bezug auf künftige Sexualpartner sollten wir vielleicht einen »Joker« einführen: Wir haben alle genaue Vorstellungen von unserem »Traumprinzen« oder der »Traumprinzessin« – aber der/die muss leider erst gebacken werden. Wie wäre es also, wenn jeder von uns mindestens einen Joker bekäme? Niemand muss perfekt sein, deswegen nehmen wir ganz bewusst mindestens einen »Makel« hin und legen gleichzeitig innere Werte fest, hinter die wir auf keinen Fall mehr zurückgehen, auch nicht für George Cloo-

Was es ist

Es ist lächerlich
Sagt der Stolz.
Es ist was es ist
Sagt die Liebe.

Es ist hässlich
Sagt die Kultur
Es ist was es ist
Sagt die Liebe.

(Erich-Fried-Remix)

ney oder Emma Watson! Respektvoll muss er sein. Vielleicht witzig. Vielleicht muss er gut riechen. Oder alles drei! Und dafür »erlauben« wir ihm, dick zu sein, behindert, Tattoos übersehen wir ausnahmsweise mal, er lacht so komisch – aber egal! Alle diese kleinlichen »No Gos« sind nichts als ein Konstrukt der Angst. Meistens der Angst davor, was wohl die anderen denken.

Sex als Arbeit

Es gibt zwar hier und dort Statistiken darüber, wie oft Prostituierte aufgesucht werden, ehrlicher ist es aber, von Schätzungen zu sprechen. Die Dienstleistungsgewerkschaft Verdi spricht von geschätzten 1,2 Millionen Kunden pro Tag allein in Deutschland. Die *Brigitte* legte 2013 eine Studie vor, der zufolge 88 Prozent der deutschen Männer schon einmal bei einer Prostituierten gewesen sein sollen, 47 Prozent zahlten gar monatlich für Sex. Fast die Hälfte? Jeder zweite Mann? – Vorsicht mit Empörung oder Aufregung! Fakt ist: Niemand verfügt über belastbare Statistiken. Der Sozialwissenschaftler Udo Gerheim verfolgt in seiner Untersuchung *Die Produktion des Freiers* einen anderen Ansatz, wenn er sagt: »Es kann festgestellt werden, dass auch global betrachtet nur ein kleiner Teil der männlichen Gesamtbevölkerung Prostitution aktiv und regelmäßig nutzt und dass für eine relevante Größe der Männer die Nachfrage nach käuflichem Sex lediglich ein singuläres bzw. marginales Ereignis darstellt.«

Noch viel weniger aber wissen wir über die Beweggründe, die Motivation der Kunden. Allenfalls Therapeuten erfahren von ihren Patienten, was diese suchen. Auch hier ist Gerheim einer von wenigen, die zu erforschen versuchen, was Männer zu Prostituierten treibt. In seiner Untersuchung machte er vier Motivmuster aus: Das erste ist das Bedürfnis nach Nähe und Sex ohne Umwege, also ohne langes Werben, Kommunizieren und das Erfüllen anderer sozialer Erwartungen, sei es dass die Männer dazu nicht in der Lage sind oder dass sie es schlicht nicht wollen oder dass sie Angst davor haben, zurückgewiesen zu werden. Das zweite Motiv ist die Sehnsucht nach sozialer Kommunikation und Zärtlichkeit. Eine akute Selbstwertkrise oder eine Depression sind das dritte Motiv, und die vierte Gruppe sucht das Abenteuer und will aus Normen und Einschränkungen ausbrechen. Alle vier Motive können sowohl bei Singles als auch bei Männern, die in einer festen Partnerschaft leben, auftreten.

Zwar sind die meisten Kunden von Prostituierten immer noch Männer, aber die Äußerungen männlicher Sex-Arbeiter im Internet lassen darauf schließen, dass es auch immer mehr Frauen gibt, die sexuelle Dienstleistungen in Anspruch nehmen: Auch sie suchen Sex ohne Umwege, Zärtlichkeit und Kommunikation oder Abenteuer, die sie anderswo nicht – oder nur mit einem Aufwand, den sie vermeiden möchten – bekommen können.

Wer ist der typische Kunde einer Prostituierten? Nach der sogenannten Jedermann-Hypothese gibt es keine besonderen Merkmale – oder anders gesagt: jeder gehört zur Zielgruppe.

Ist Sexarbeit also eine Dienstleistung wie eine beliebige andere Tätigkeit? Sind Sexarbeiter gewissermaßen Therapeuten oder bezahlte Gesprächspartner mit »Extra Service«?

Zum Thema Prostitution hat fast jeder und jede eine Meinung. Meine drei zentralen Thesen hierzu sind folgende:

1. Das Problem an der Armutsprostitution ist nicht die Prostitution, sondern die Armut.
2. Jeder Mensch hat eine eigene, unverwechselbare Vorstellung davon, was »Intimität« für ihn bedeutet. Das kann man nicht verallgemeinern.
3. Solange die Sexarbeit gesellschaftlich stigmatisiert ist, wird niemand in der Lage sein, die Menschen zu »retten«, die in diesem Gewerbe arbeiten.

Nahezu alle Kulturen scheinen an ihren Rändern das Phänomen der Prostitution und Sexarbeit ausgebildet zu haben. Ich habe keine detaillierten Kenntnisse über die Inuit, südostasiatische Naturvölker oder kenianische Stämme im Einzelnen, aber im Großen und Ganzen muss man feststellen: Amerika, Indien, China, ganz Europa, die meisten Länder auf dem afrikanischen Kontinent – sie alle haben eine Geschichte der Prostitution, und sie alle haben eine Geschichte der Stigmatisierung ihrer Akteurinnen und Akteure. Prostitution ist ein Phänomen, das bis heute meist in dunklen Ecken, im Geheimen stattfindet. In Deutschland, wo die Prostitution legalisiert wurde, bleiben Sexarbeiterinnen lieber anonym, arbeiten unter Pseudonym und versuchen, so gut es geht, vor dem Staat zu verbergen, welche »selbständigen Einnahmen« sie da jedes Jahr in der Steuererklärung anbringen – wenn sie überhaupt eine machen und nicht völlig schwarz und im Untergrund unterwegs sind. Sexarbeit ist da, überall, und sie geht vom Wünschen allein nicht weg, genauso wenig von Stigmatisierung und noch weniger von Rettungskampagnen, die wahlweise durch religiöse Eiferer oder orthodox-feministische Anführerinnen gefahren werden. (Die Sexarbeiterinnen sprechen von einer sogenannten »Rettungsindustrie«.)

Also alles kein Problem? – Doch! Die Sexarbeit birgt viele Probleme, und diese werden in den Debatten gerne miteinander vermengt. Da gibt es Geschichten über Menschenhandel, Frauen, die aus armen Ländern importiert werden, um hier zwangsprostituiert und misshandelt zu werden. Jede einzelne dieser Geschichten ist schrecklich und grausam. Hinzu kommen all die illegal in westlichen Ländern lebenden Menschen, die allein schon aufgrund der Illegalität ihres Aufenthalts keiner legalen Arbeit nachgehen können und so im Schatten der Kriminalität eine der wenigen Möglichkeiten nutzen, an Geld zu kommen. Auch hier oft unter schlimmsten Bedingungen und letztlich unter einer Art Zwang, denn, heruntergebrochen auf das Wesentliche: jeder muss essen.

Kaum besser steht es um die Drogenabhängigen, die in die Prostitution gehen, weil sie das Geld dringend brauchen, um sich neuen Stoff zu besorgen. Sie arbeiten oft im Dunkeln, auf dem Straßenstrich, sie wollen wegen dieser Arbeit und wegen ihres Drogenkonsums keinen Kontakt zur Polizei und machen sich auf diese Weise selbst schutzlos, erpressbar und begeben sich in Gefahr. Von Freiwilligkeit kann keine Rede sein.

Nicht zuletzt sind da die Prostituierten, die in großen, meist von ziemlichen Paschas geführten Etablissements im Akkord zu arbeiten scheinen. Rein, raus, jeden Tag etliche Kunden – damit sie die Raummiete, die eigene Miete, das Leben, eventuell das Leben ihrer Kinder und die Pflegeversicherung oder gar eine Arztrechnung zahlen können. Ja: In Deutschland gibt es Armut und ja: Manche ergreifen wegen dieser Armut einen Job, den sie unter anderen Umständen nicht machen würden.

Alle diese Beispiele zeigen die harten, grausamen und widerlichen Seiten von Prostitution. Doch nie ist sie selbst die Ursache des Problems. Im ersten Fall ist es Menschenhandel.

Dagegen gibt es längst Gesetze und Strafen – es müsste entsprechend durchgegriffen werden. Menschenhändler operieren in »Ringen«, die organisiert und weltweit agieren, so wie auch die Drogenhändler.

Womit wir beim zweiten Thema wären: Drogensüchtige Menschen werden in Deutschland immer noch nicht wie kranke Menschen behandelt, sondern zuerst als Straftäter. Anstatt all diese Menschen in die Illegalität und damit auch die Kriminalität zu drängen, müsste man sich um sie kümmern. Medizinische Versorgung, Integration, Bildung und ein Dach über dem Kopf – Grundversorgung eben.

Nicht zuletzt ist da die enorme Zunahme der Armut in Deutschland. Die letzte Studie der Bertelsmann-Stiftung zur Entwicklung der Kinderarmut zeigt, dass in Deutschland fast zwei Millionen Kinder auf Hartz IV angewiesen sind. In neun von 16 Bundesländern ist der Anteil von Kindern in staatlicher Grundsicherung zwischen 2011 und 2015 gestiegen. Die Situation bei uns ist zwar nicht mit der in anderen Ländern zu vergleichen, denn der Staat garantiert eine gewisse Grundversorgung und -versicherung. Dennoch sind die Perspektiven in bestimmten Milieus oft mies, auch weil hierzulande die sozioökonomische Herkunft eines Kindes so stark über seinen Bildungserfolg und seine berufliche Zukunft entscheidet. Als Jugendliche und junge Erwachsene werden sie dann oft zerrieben zwischen den Versuchungen des Kapitalismus, die an jeder Ecke lauern – neustes Smartphone, Flatscreen, geile Karre –, und der Unmöglichkeit, sich das jemals leisten zu können. Statussymbole sind wichtig, und wird uns nicht immer durch die Werbung vermittelt, wie gut es ist, »sich auch mal was zu gönnen«?

Meine zweite These dreht sich um den Punkt Intimität. Ich gebe zu: Auch mir war die Legalisierung der Prostitution mehr politisch als persönlich ein Anliegen, denn politisch einzusehen, dass es wichtig ist, legale Räume für Sexarbeit zu schaffen, um Sexarbeit sicherer zu machen, ist leicht, aber persönlich einzusehen, dass Sexarbeit eine *Arbeit* ist, etwas, das jemand genauso tun kann wie Kellnern, Pediküre, Tellerwaschen oder Online-Journalismus, das fiel mir sehr viel schwerer. Wie jemand Sex gegen Bezahlung mit Fremden haben kann – das konnte ich nicht verstehen! Allein bei der Vorstellung hat sich mir der Magen umgedreht, und nein: Für mich wäre das nie in Frage gekommen. Ich habe mich der Thematik über ein Gespräch mit der Sexarbeiterin Carmen angenähert. Sie arbeitet selbständig in Berlin und ist das, was manche vielleicht eine »Edelprostituierte« nennen würden: Sie sucht sich die Männer aus, nimmt beträchtliche Summen, trifft die Entscheidungen rund um ihren Job komplett selbstbestimmt. Ein Ideal von Sexarbeit also, das mit der obengenannten Armutsprostitution rein gar nichts zu tun hat. In diesem Gespräch lernte ich, dass nicht alle Menschen ein solches Verständnis von Intimität haben wie ich. Für sie, so Carmen, sei es wesentlich intimer, in der Öffentlichkeit zu heulen, als mit jemandem einfach nur Sex zu haben. Erstaunlich!

Seitdem denke ich viel über das breite Feld der Intimität nach. Für mich ist Sex eine hochintime Angelegenheit – für Carmen nicht. In meinem Leben gab es kaum mehr als eine Handvoll Sexualpartner – in Carmens …? Wohl bedeutend mehr. Wenn ich mich sexuell auf jemanden einlassen will, muss sehr viel stimmen, denn meine Bremsen sind ja stark ausgeprägt. Bei Carmen scheinen Bremsen und Gaspedal in einem anderen Verhältnis zueinander zu stehen. Diese Erkenntnis ist zentral. Aber da ist noch mehr. Offenbar ist Intimität etwas, bei dem jeder und jede anders denkt und fühlt. Was für die einen absolut intim ist und niemals in die Öffentlichkeit gehört, ist für die anderen keine große Sache, und sie erzählen es freimütig in ihren Blogs, auf Facebook oder im Fernsehen. Doch auch die offensten Menschen haben Bereiche, die sie verborgen halten und die sie nicht einfach so preisgeben. Manche sprechen niemals über ihre Kindheit, ihre Ängste oder Wünsche, ihre Sorgen oder über das, was sie zum Weinen bringt. Intimität und Verletzlichkeit sind nämlich unmittelbar aneinander gekoppelt und bilden einen wichtigen Bund zusammen mit der Integrität eines Menschen. Unsere psychische und physische, seelische und körperliche Integrität, Verletzlichkeit und Intimität sind Heiligtümer unseres Selbst. Wenn wir Sex als etwas erleben, das uns verdammt verletzlich macht, dann vielleicht auch, weil wir aufgrund der jahrhundertealten Moralvorstellungen und Tabus sowie Erziehung zur Scham immer noch voller Angst und ziemlich verkorkst sind. Daher spielt dieses Terzett für uns im Bett meist eine Rolle. Die Sexarbeiterin ist im Job in der Lage, es abzukoppeln, die Intimität der Sache wird als weniger ausgeprägt empfunden als vielleicht von einer konservativ gläubigen Christin. Wie sehr Sex und körperliches Verlangen intim sind, das hängt einerseits von unserer Kultur und unserer Prägung ab, es kommen aber auch situative Merkmale dazu und am Ende die Biologie. So schrieb die Sexarbeiterin Eleutheromanie einmal auf Twitter: »Im Gegensatz zu dem, was passieren kann, wenn man so richtig mit dem Herzen mitvögelt, ist Paysex echt 'ne Warmduscherveranstaltung.«

Da packt es also auch die Sexarbeiterin ganz anders – aber wieso? Das Situative zu ergründen, dazu hat sich die amerikanische Autorin Sirin Kale für Broadly aufgemacht, die junge feministische und sehr sexpositive Sparte der *VICE*. Sie erklärt in ihrem Artikel »How to Bio-Hack Your Brain to Have Sex Without Getting Emotionally Attached«, wie man vermeiden kann, in jeder sexuellen Situation immer gleich mit dem Herzen ›mitzuvögeln‹, um bei den zitierten Worten Eleutheromanies zu bleiben. Es gibt da interessante Forschungen an Prärie-Wühlmäusen: Wissenschaftlerinnen haben beobachtet, wie sie durch die Hemmung oder Verstärkung der Stoffe Oxytocin und Vasopressin, die auch beide beim Bindungsverhalten des Menschen eine wichtige Rolle spielen, das Sexualverhalten der ansonsten sehr monogamen Tierchen manipulieren können: weniger Oxytocin und Vasopressin macht sie polygam. Die Hormone regeln den Dopaminhaushalt im Gehirn, und aus ihren Beobachtungen leiten die Forscher Ratschläge ab, wie man auch beim Menschen verhindern könnte, dass er mit Sex vermeintlich zu viele Emotionen verbindet: Erstens solle man sich lieber nicht in die Augen schauen. Zweitens helfe es, nicht die Brüste und auch nicht die Zervix, also den Gebärmutterhals, zu stimulieren – beides kann heftige Ausschüttungen von Oxytocin verursachen. Und drittens, dies sei aber nicht sehr empfehlenswert, könnten bestimmte Drogen, die ihrerseits am Dopaminhaushalt herumpfuschen, die Belohnungswelle, die sich beim Sex über Gehirn und Körper ergieße, schon im Vorhinein auslösen. Nach dem Motto: Wenn du vorher schon dein Glücksarsenal verballerst, kann der Sex dich nicht mehr beeindrucken.

Mit diesem Wissen erscheint der Gedanke daran, wir müssten die Sexarbeiterinnen zu ihrem eigenen Besten retten, in einem anderen Licht. Denn nicht alle von ihnen leiden, es greift sie nicht an. Sex ist nichts, das automatisch verletzlich macht. Was intim ist und was nicht: darüber entscheidet jeder selbst, und jeder empfindet es anders. Die folgende Definition beinhaltet drei Kernmerkmale von Intimität: 1. Sie ist privat. 2. Sie obliegt meiner Kontrolle, und sie findet, 3., in intimen Beziehungen statt.

Intime Dinge sind unsere Achillesferse, Angriffe auf dieser Ebene verletzen treffsicher, weswegen wir sie nicht in die Öffentlichkeit tragen. Sein Intimes zu schützen kann aber nur funktionieren, wenn es einen Raum gibt, in dem das Private geschützt ist. Um diesen Schutz zu garantieren, müssen wir die Kontrolle über unser Intimes behalten. Nacktbilder im Netz, »Revenge Porn« und Gefühlsausbrüche in der Öffentlichkeit, weil jemand »unsere Knöpfchen« gedrückt hat, sind Grenzverletzungen und entziehen uns diese Kontrolle, weswegen sie massive seelische Verletzungen nach sich ziehen können. Nur wenn wir selbst entscheiden, wer was von uns kennen darf, und nur wenn wir sicher sein können, dass es dort geschützt ist, bleibt unsere intime Integrität gewahrt. Vertraulichkeit und Datenschutz sind daher in jeder Gesellschaft, die demokratisch und offen sein will, ein Muss! Wer den Menschen die Kontrolle über ihre heilige Trias nehmen will, etwa indem private Chats überwacht und gespeichert werden oder indem man Geheimnisträger foltert und erpresst, manipuliert dieses Grundrecht auf den Schutz der eigenen Persönlichkeit und Privatsphäre. Eine solche Gesellschaft wird totalitär.

Zum Schluss: Wir brauchen Beziehungen, die nach der Definition von Liebe funktionieren, die Peter Fuchs, der wie Luhmann Systemtheoretiker ist, vorschlug: »Wechselseitige Komplettannahme im Modus der Höchstrelevanz«. Beziehungen, in denen wir also mit unserem Intimsten nicht alleine sind. Für das soziale Tier Mensch käme das nämlich einer Katastrophe gleich. In der intimen Beziehung können wir in einem kontrollierbaren Ausmaß verletzlich sein, ohne dass unsere Integrität Schaden nehmen muss. Einen Partner, der uns manipulieren will, der das Wissen über unsere verletzlichen Stellen und wunden Punkte gegen uns wendet und ausnutzt, sollte man verlassen, sofern man ihn nicht dazu bringt, dass er die eigene Privatheit respektiert und unsere Integrität mit uns schützt. Nach diesen Kriterien ist auch so manche Patient-Ärztin-Beziehung, die Arbeit von Therapeuten und die Arbeit von Journalistinnen, Anwälten etc. intim. Das erklärt auch, warum sie durch die Schweigepflicht geschützt werden muss.

Prostitution tangiert diesen Bereich insofern, als es für die Dienstleistenden genauso wichtig ist, die Kontrolle zu behalten, wie es für die Kunden wichtig sein kann, dass die Angelegenheit privat bleibt. Aber die Sexualpartner müssen sich einander nicht in Gänze öffnen, das ist entscheidend. Sex *kann* sehr intim sein, und ich persönlich lege weder Wert darauf, mein Gehirn zu hacken, um mich dabei nicht emotional zu binden, noch würde ich Sex mit Fremden wollen – das heißt aber noch lange nicht, dass andere diese Grenze genauso ziehen müssen wie ich. Seit ich das gelernt habe, stehe ich nicht nur politisch hinter den Forderungen der Sexarbeiterinnen und Sexarbeiter, sondern auch persönlich.

Eine der wichtigsten Forderungen der Sexarbeiterinnen ist die nach Entstigmatisierung ihrer Arbeit. Das Problem ist: Wie soll jemand für seine Rechte kämpfen, der nicht geoutet werden darf oder will? Wie soll er beispielsweise gegen einen missbräuchlichen Freier vor Gericht gehen – dort wird mit Klarnamen verhandelt! Das ist ein Problem, wenn man nicht will, dass Oma und Onkel aus der Presse von der Sache erfahren, also zeigt man nicht an. Schlimmer noch sind Berichte aus den USA: Da in manchen Bundesstaaten bis heute jegliche Prostitution verboten ist, sind Übergriffe durch Polizisten keine Seltenheit. Die Sexarbeiterinnen und Sexarbeiter werden, so die Berichte, wie Schwerverbrecher/innen behandelt; erschreckend ist auch, dass manche offenbar die Einstellung vertreten, Sex mit einer Prostituierten sei nie Vergewaltigung.

In vielen Gesellschaften hat die Prostitution bis heute eine Doppelrolle: Sie steht einerseits am Rand und ist stigmatisiert, andererseits gibt sie Raum für »normabweichendes Verhalten«. In Indien etwa gibt es eine größere Gruppe transsexueller Frauen und Männer, die dort ihre Identität endlich nicht mehr verbergen müssen. Als Prostituierte können sie am Rande der Gesellschaft ihre Sexualität leben. Ähnlich geht es vielen Freiern: Stigmatisiert als »Perverse«, können sie nur in den schattigen Gefilden der Sexarbeit ihre Homosexualität oder spezielle sexuelle Neigungen ausleben, die aufgrund von Kultur und Glaube gesellschaftlich tabuisiert sind. Was einerseits wie ein Win-Win der Stigmatisierten klingt – und es oft auch ist! –, birgt andererseits für alle Beteiligten auch Gefahren: Als quasi weniger wertvolle Menschen, die sie für den Rest der Gesellschaft sind, aufgrund der großen Schweigedecke, die über ihrer Arbeit liegt, ist es leichter, an ihnen ausgeübte Gewalt zu verschleiern, also zu verhindern, dass sie vor Gericht kommt. Wer wirklich helfen will, muss aufhören, solche Stigmata bewusst oder unbewusst mitzutragen.

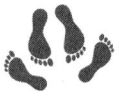

Kinder kriegen können

Ganz zum Schluss möchte ich nach all den Exkursen in Kindheit, Geschichte, Kultur, Religion und Psychologie noch auf den Punkt zu sprechen kommen, dass beim Sex zwischen einem Mann und einer Frau, so denn der Samen den Weg zur Eizelle schafft, ein Kind entstehen kann. Je nachdem also, wie man zu der Möglichkeit steht, als biologischer Vater oder biologische Mutter eines neuen Menschen aus der Sache herauszugehen, sollte man sich überlegen, welche Vorkehrungen man beim Sex trifft, um das zu verhindern oder aber zu befeuern. Klar sollte sein: Verantwortlich sind beide! Will man eine Schwangerschaft vermeiden und will er kein Kondom benutzen, während sie die Pille nicht verträgt, und sehen beide keine andere Lösung in der Sache, dann sollte es vielleicht lieber nicht zum Sex kommen. Und wenn doch, dann hängt er genauso in der Sache drin wie sie.

Zu sexuellen Beziehungen – auch wenn sie nur fünf Minuten dauern! – gehören daher auch Gespräche über die Verhütung. Das sollte heutzutage so selbstverständlich sein wie das Zähneputzen morgens und abends, und sehr viel lästiger soll es bitte auch nicht sein. Leider ist es in der Realität manchmal sehr lästig. Ich selbst habe eine Verhütungs-Odyssee hinter mir, deren Ende sich langsam abzuzeichnen beginnt – im Alter von 34 Jahren. Das liegt nicht etwa daran, dass meine Eltern oder Lehrer versäumt hätten, mich aufzuklären. Im Gegenteil: Als ich 15 Jahre alt war und meinen ersten festen Freund und bald auch meinen ersten Sex hatte, schleppte mich meine Mutter ohne großes Aufheben zum Frauenarzt, und der verschrieb mir die Pille, die ich fortan über fünf Jahre lang konsumierte. Ich *wusste*, dass ich verhüten muss. Und ich fühlte mich mit der Pille lange sicher, bis sich die Nebenwirkungen bemerkbar machten, von denen mittlerweile weltweit zu hören ist: schwache Libido, starke körperliche Symptome und später, als mein neuer Arzt mich aufgrund meiner Beschwerden auf ein anderes Präparat umstellte, ein deftiges prämenstruelles Syndrom inklusive depressiver Verstimmungen, Wassereinlagerungen und Schmerzen in den Brüsten. Kurz: Es war eine Zumutung. Als ich die Pille daraufhin absetzte und meinen Arzt nach einer natürlichen Verhütungsmethode mit dem Thermometer fragte, zuckte der nur abschätzig mit den Schultern und sagte: »wenn Sie unbedingt schwanger werden wollen …« Wollte ich nicht! Also was tun?

Mit der **symptothermalen Methode** werden die fruchtbaren Tage des weiblichen Menstruationszyklus bestimmt, indem zyklische Schwankungen der Basaltemperatur und die Veränderung des Zervixschleims oder des Gebärmutterhalses ausgewertet werden. Die Verhütungssicherheit der symptothermalen Methode liegt (natürlich bei sexueller Enthaltsamkeit während der fruchtbaren Tage) mit einem Pearl-Index von 0,4 sehr hoch.

Heute verhüte ich sehr wohl mit dem Thermometer, denn ich habe jemanden gefunden, der mir ausführlich und kompetent erklärt hat, wie die symptothermale Methode funktioniert. Dafür gibt es ausgebildete Trainerinnen, und ich hatte die Ehre, mit einer von ihnen, Magdalena Simstich, in meinem Podcast *Erscheinungsraum* die Thematik zu erörtern.

Ergänzend zu dieser Methode nutze ich während der vermutlich fruchtbaren Tage eben Kondome oder ein Diaphragma. Dieses Ding aus Latex, das früher stets vom Frauenarzt angepasst werden musste, gibt es inzwischen auch im Internet und aus Silikon, in netten Farben (meines ist lila) und zur einfachen Handhabung für verschiedene Größen. Man braucht ein wenig Übung (etwa so viel wie beim Überziehen eines Kondoms über einen Penis, würde ich sagen), und dann wirkt es in Kombination mit einem spermiziden Gel sehr zuverlässig. Der Vorteil ist, dass man es schon bis zu zwei Stunden vor dem Verkehr einsetzen kann und dass es sich sowohl für den Mann als auch für die Frau anders anfühlt, Sex zu haben. Da kommen Penishaut und Vagina-Innenwände eben doch direkt in Berührung miteinander, und ehrlich: Das finde ich schön. Andererseits sind Kondome in vielerlei Hinsicht auf eine andere Art überlegen: Sie halten Krankheiten fern! Klar – wissen ja alle – »gib Aids keine Chance« und so ... Aber eben nicht nur HIV, sondern auch Pilze, bakterielle Infektionen und HP-Viren, die Gebärmutterhalskrebs auslösen können. Außerdem sind sie raffiniert: Manche sind besonders feucht, manche haben Noppen, und mit anderen kann man »länger lieben«, denn sie sind um den Schaft herum enger geschnitten. Da ist also je nach Situation noch einiges an zusätzlichem Spaß dabei. Trotzdem schätze ich es sehr, mit meinem Exklusiv-Sexualpartner hin und wieder auch komplett ungeschützt zu schlafen – und dank der vom Arzt so verpönten natürlichen Methode geht das zuverlässig und ohne unerwünschte Überraschungen. Ich frage mich, warum mir diese Methode nicht in der Schule genauer erklärt wurde? Warum wird die Methode »Pille« – die zugegebenermaßen den Frauen eine große Erleichterung brachte – so sehr empfohlen, und alles andere gilt als »schwierig«? Manche Ärztinnen und Ärzte nehmen immerhin noch alternative Methoden wie die Spirale oder die Gynefix in ihr Sortiment auf. Mit beidem habe ich aufgrund körperlicher Probleme leider keine guten Erfahrungen gemacht, aber viele Frauen aus meinem Bekanntenkreis sind glücklich und zufrieden damit.

Kinder kriegen können ist auch ein großer Streitpunkt in vielen Beziehungen – wenn einer will oder kann und der andere nicht will oder kann, dann wird es oft haarig. »Es gibt zwei mögliche Dealbreaker in einer Beziehung«, sagt meine Freundin Sophie. »Der eine ist die Frage, ob die Beziehung offen ist oder nicht, der andere, ob man Kinder will. Wenn man sich bei einem von beidem nicht einig ist, scheitert man.«

Offene Trans-Ehe mit Kind(ern)

Paula hat es geschafft, beide Konflikte in eine Beziehung zu packen. Sie ist verheiratet mit einem Mann, der auf dem Weg zur Transfrau ist, und lebt in einer anderen Beziehung ihren Kinderwunsch aus. Das klingt unfassbar schwierig, nicht wahr? Es bricht in einem Schlag mit gleich zwei gesellschaftlichen Normen – mit dreien sogar! Da ist zum einen die als »Normalfamilie« deklarierte Konstellation »Vater, Mutter, Kind(er)«. Paula liebt ihren Ehemann. Für sie ist er das, was ihrer Meinung nach das Konzept Ehe überhaupt rechtfertigt: der Mensch, mit dem sie ihr ganzes Leben verbringen will, mit dem sie alles teilt, mit dem sie intim ist und zu dem sie immer halten wird. Aber Vater ihres Kindes wird er nicht, denn er wird jetzt eine Frau. Paula spricht immer noch von ihrem »Ehemann«. Dabei geht es ihr nicht darum, diesem Menschen abzusprechen, eine Frau zu sein, sondern sie sagt es auf eine Weise, die verdeutlicht, dass der Prozess noch längst nicht abgeschlossen ist. Die Frauwerdung ist für ihren Mann auch eine enorme psychische Belastung. Stabilität findet er bei ihr und in der Beziehung, dennoch muss er vieles mit sich selbst ausmachen, für sich selbst herausfinden, und das dauert. Durch all die Unsicherheit hatten Paula und ihr Mann seit Jahren keinen Sex. Das machte aber nichts, denn von Anfang an war ihre Beziehung offen, und für Paula sind Liebe und Sex kein untrennbares Doppel mehr. Wenn sie Beziehungen mit anderen einging, gab es für Paula eine Art Hierarchie: Partner und Mensch Nummer eins ist ihr Mann. Die anderen müssen sich der bereits bestehenden und für sie prioritären Beziehung unterordnen. Ihr Mann aber ist momentan nicht derjenige, mit dem sie Kinder zeugen kann, denn wie gesagt: kein Sex. Dafür gibt es jetzt Sascha. Der gehört seit einem guten Jahr zur Familie. Auch er war von Anfang an in die Sache mit der Hierarchie eingeweiht, er ließ sich darauf ein, die Nummer zwei zu sein. Und er ließ sich auch auf die Sache mit dem Kind ein – aber davor gab es, man kann es sich vorstellen, eine riesige Kommunikationsoffensive zwischen allen Beteiligten. Wenn Paula von ihren Beziehungen erzählt, muss ich immer schmunzeln. Es klingt alles wahnsinnig anstrengend, aber genau das macht es so wunderschön. »Familie ist, wenn alle zusammenhalten«, heißt es im Disney-Film *Lilo und Stitch*. Ich habe selten eine Konstellation von

Menschen kennenlernen dürfen, bei der diese Definition so zutrifft. Alle halten zusammen und beraten sich respektvoll über die Fragen des Sorgerechts, darüber, wo das Kind wohnen soll, welchen Nachnamen es bekommen soll, wie es seine Eltern nennt, welche Erziehungsideale man hat und vieles mehr. Niemandes Gefühle oder Wünsche wiegen weniger oder mehr als die der anderen, und so heben die drei das Wort »Verantwortung« auf eine völlig neue Ebene.

Es muss nicht gleich so extrem laufen wie bei Paula und ihren Männern. Aber Verantwortung ist immer und in allen sexuellen Beziehungen, nicht nur, wenn aus ihnen Kinder hervorgehen können oder sollen, eine Kommunikationsoffensive wert. Was ist denn, wenn man ungewollt schwanger wird? – Darüber müssen wir reden! Eigentlich jedes Mal, wenn wir Sex haben. Was wollen wir für eine Familie sein, wenn ein Kind auf die Welt kommt? Was für eine, wenn keines kommt? Wer kümmert sich wie oft, wie lange und entlang welcher Prämissen um was? Man muss eigentlich unendlich viel verhandeln, nicht nur, wenn so ein kleines Wesen auf die Welt kommt. Aber die meisten Erwachsenen, die ich kenne, verhalten sich dann doch so, als sei ihnen dieses Kind einfach so »passiert«, und dann fügen sie sich oft in genau die Rollen, die ihre Eltern und Großeltern schon eingenommen haben, denn das ist am einfachsten. So eine Kommunikationsoffensive ist schließlich furchtbar anstrengend.

Liebe Menschen da draußen, lasst mich eines zum Schluss sagen: Wenn es anstrengend ist, wird die Liebe erst so richtig spannend, und mit jeder Kommunikationsoffensive wächst sie ein Stück. Ihr könnt wie Paula sein, jeden Tag, in eurem eigenen Alltag, egal, ob ihr ein Tuch tragt, sonntags in die Kirche geht oder lieber in Swinger Clubs. Egal ob ihr euch fest bindet oder ob ihr wechselnde Beziehungen habt. Sexualität, das zeigt dieses Buch hoffentlich in seiner Gesamtheit, ist eine Frage des Respekts, der Verantwortung und nicht zuletzt eurer eigenen Werte. Macht das Beste draus! Denn sollte es wirklich einen Gott, eine Göttin oder viele Götter geben – und sei es nur die Natur, die der Verhaltensbiologe Konrad Lorenz mit dem Begriff »die großen Konstrukteure« umschrieb: Wir haben da etwas verdammt Schönes und Tolles in den Schoß gelegt bekommen.

Lektüretipps

J. Blume: Forever: die Geschichte einer ersten Liebe. Frankfurt a. M. 2007.

A. de Botton: Wie man richtig an Sex denkt. Kleine Philosophie der Lebenskunst. München 2012.

F. Dabhoiwala: Lust und Freiheit: Die Geschichte der ersten sexuellen Revolution. Stuttgart 2014.

Sh. El Feki: Sex und die Zitadelle. Liebesleben in der sich wandelnden arabischen Welt. München 2013.

S. El Masrar: Emanzipation im Islam – Eine Abrechnung mit ihren Feinden. Freiburg [u. a.] 2016.

M. Gallagher / E. Kramer: Sex: so machen's Frauen. München 2008.

A. Ghandour: Lust und Gunst: Sex und Erotik bei den muslimischen Gelehrten. Hamburg 2015.

K. von der Gathen / A. Kuhl: Klär mich auf: 101 echte Kinderfragen rund um ein aufregendes Thema. Leipzig 2014.

M. G. Grant: Hure spielen: die Arbeit der Sexarbeit. Hamburg 2014.

Th. Lachner: Kommen mit Stil: Der Guide für nachhaltigen Porno. [o. O.] 2016. [Sexblog der Autorin: www.lvstprinzip.de]

N. Luhmann: Liebe: eine Übung. Frankfurt a. M. 2008.

C. Moran: All about a girl: Roman. München 2015.

E. Nagoski: Komm, wie du willst: das neue Frauen-Sex-Buch. München 2015.

R. Navai: Stadt der Lügen: Liebe, Sex und Tod in Teheran. Zürich/Berlin 2016.

J.-U. Rogge: Von wegen aufgeklärt!: Sexualität bei Kindern und Jugendlichen. Reinbek 2006.

Seiten im Netz

Sexblog von Theresa Lachner: »Lvstprinzip«, www.lvstprinzip.de

Sexblog »Les Petits Plaisirs – Artenschutz: Zur Entfaltung der Erotik«, http://les-petits-plaisirs.blogspot.pt

Pornoseite für Frauen: »klicktoris – für deinen Feuchtigkeitshaushalt«, www.klicktoris.ch

Emily Nagoski, »The Dirty Normal«, www.thedirtynormal.com/

»Make Love not Porn«, www.makelovenotporn.com

»Make Love – Liebe machen kann man lernen«, Webseite von Ann-Marlene Henning mit vielen Videos: www.make-love.de

»Nackt im Kopf« – Podcast zu Sexualität: http://nackt-im-kopf.podspot.de

»Jungsheft / Giddyheft«: Pornohefte für junge Erwachsene: www.jungsheft.de

Hilfeportal Sexueller Missbrauch: www.hilfeportal-missbrauch.de

Für mehr Informationen zur 100-Seiten-Reihe:
www.reclam.de/100Seiten